V

©

5665.

ARCHITECTURE ROMANE

DU

MIDI DE LA FRANCE

Claye, imprimeur
St Benoit 7 à Paris

ARCHITECTURE
ROMANE

DU

MIDI DE LA FRANCE

DESSINÉE, MESURÉE ET DÉCRITE

PAR

HENRY REVOIL

ARCHITECTE DU GOUVERNEMENT

ATTACHÉ A LA COMMISSION DES MONUMENTS HISTORIQUES,

MEMBRE N. R. DU COMITÉ DES TRAVAUX HISTORIQUES,

MEMBRE HONORAIRE ET CORRESPONDANT DE L'INSTITUT ROYAL DES ARCHITECTES BRITANNIQUES

ET DE PLUSIEURS SOCIÉTÉS SAVANTES.

TOME DEUXIÈME

PARIS

Vᵛᵉ A. MOREL & Cⁱᵉ, LIBRAIRES-ÉDITEURS

13, RUE BONAPARTE

M DCCC LXXIII

ARCHITECTURE ROMANE

DU MIDI DE LA FRANCE

ÉDIFICES RELIGIEUX

ABBAYES, ÉGLISES ET CLOITRES

PRIEURÉ DE SAINT-MICHEL DE FRIGOLET

BOUCHES-DU-RHONE)

Planches I et II.

Saint-Michel de Frigolet est situé à quelques kilometres de Graveson au milieu des montagnes qui s'étendent depuis Barbentnane jusqu'au village de Boulbon.

On ignore la date précise de la fondation de ce monastère; une inscription mutilée trouvée dans le préau de son cloître ne contient malheureusement que les premiers mots de la formule précédant le millésime :

ANNO · DOMINI ..... ECLES · FVNDAT...

On sait seulement que Guillaume, comte de Provence, en 972 (1), fit de larges concessions à l'abbaye de Montmajour, qui aurait établi vers cette époque, au sommet des collines de Boulbon, le monastère de Frigolet.

Un document historique moins ancien mentionne ce prieuré avec son appellation. Par une bulle du 24 avril 1155, le pape Adrien IV confirme à Geoffroy, évêque

(1) *Statistique des Bouches-du-Rhône*, tome II, page 1170.

1

d'Avignon, les possessions de son église & mentionne le *Prioratum Sancti-Michaelis de Frigoleto* (1).

Une autre, datée de 1186, constate une donation faite par Pierre Ier, archevêque d'Arles, à Raimond, prieur de Saint-Michel de Frigolet, de l'église de Saint-Étienne près Boismeau en Camargue & de toutes les dîmes de Malmussane. — A cette charte est attenant un sceau (2) ✠ SIGILLUM MICHAELIS ARCHANGELI, qui représente *dans son champ l'archange nimbé, debout sur un dragon menaçant qu'il perce de sa lance.*

Ce prieuré fut uni à l'église Sainte-Marthe de Tarascon, qui, dès avant 1096, avait été donnée aux chanoines réguliers de Saint-Augustin de Notre-Dame-des-Dons d'Avignon par l'évêque de cette ville. Cinq religieux de Saint-Michel de Frigolet vinrent habiter le cloître de Sainte-Marthe, avec l'obligation pour eux de chanter tous les offices & de faire le service divin. La couleur de leur costume les fit appeler dès cette époque les *religieux blancs* (3).

Les bâtiments de ce prieuré se composaient d'un cloître, autour duquel étaient groupés l'église, la salle capitulaire, le réfectoire & leurs dépendances.

Des restaurations entreprises à diverses époques, mais surtout de grandes constructions modernes, ont complétement changé l'aspect simple & pittoresque de Saint-Michel de Frigolet.

Nous nous bornerons donc à décrire son cloître dont nous reproduisons l'ensemble & les principaux détails. (*Planches I & II.*)

Son plan est un quadrilatère à côtés presque égaux. — Sur chaque face, six arcades étroites, parfaitement appareillées, établissent la communication des galeries avec le préau; des piles avancées sur lesquelles reposent trois arcs surbaissés, placés au droit des arcs doubleaux de la voûte plein cintre de ces galeries, divisent chacune de ces faces en trois travées. — Du côté extérieur, un seul de ces arcs est décoré de cannelures cunéiformes; les autres sont moulurés. — A l'intérieur des galeries, plusieurs impostes sont ornées de feuilles, & quelques chanfreins sur les arêtes des pieds-droits sont terminés par des têtes ou par des demi-cercles. Une colonne cantonnée décore les quatre angles des murs percés d'arcades. Les divers profils des impostes, bases, cordons & consoles, sont dans leur simplicité d'une très-grande élégance.

L'église ancienne de Frigolet, sans décoration aucune à l'intérieur, est ornée sur le faîtage de sa toiture d'une crête découpée, formée par des arcs de cercle enchevêtrés les uns dans les autres. — Son clocher, terminé par un étage percé de quatre ouvertures cintrées, est chanfreiné sur ses arêtes et couronné par une pyramide quadrangulaire. Les bâtiments anciens de ce prieuré, le cloître surtout, peuvent donc être cités comme un type intéressant de notre architecture du commencement du XIIe siècle.

(1) *Grand cartulaire de l'église d'Avignon,* tome III, fol. 14, des archives du département de Vaucluse.
(2) Blancard, *Iconographie des sceaux & bulles des archives des Bouches-du-Rhône,* pages 230 & planche LIV *bis,* n° 1.
(3) Abbé Faillon, *Monuments inédits sur l'apostolat de sainte Madeleine,* tome Ier, page 1237.

SAINT-PAUL-DU-MAUSOLÉE

PRÈS SAINT-RÉMI (BOUCHES-DU-RHONE)

Planche III.

Au pied des Alpines, à deux cents mètres de l'arc & du mausolée de l'antique *Glanum*, aujourd'hui Saint-Rémi, sur l'emplacement de l'ancienne *Freta*, s'élèvent les bâtiments de Saint-Paul-du-Mausolée. Placé sous le vocable de saint Paul, évêque des Tricastins, qui s'était réfugié dans ces montagnes, ce prieuré ajouta à son appellation celle du tombeau gréco-romain construit dans son voisinage.

Les actes authentiques les plus anciens mentionnant ce petit monastère ne remontent pas avant le commencement du xiii⁰ siècle.

L'une de ces chartes, à laquelle est attenant un sceau sur lequel on lit : s · CAPI-TVLI · SCI · PAVLI · DE · MAVSOLEO, relate une transaction intervenue, en 1224, entre Hugues II, archevêque d'Arles & Bertrand, prévôt de ce prieuré, au sujet de certains droits & biens en litige (1). Le sceau fixé au deuxième exemplaire de cette charte (2) porte : *S. Prepositi sci. Pauli de Mausoleo.*

Le nom de ce prévôt, Bertrand, ne se trouve pas parmi les six inscriptions tumu-laires des prévôts, incrustées d'après l'ordre de leur promotion dans le mur de l'église attenant au cloître; il faut donc revenir de beaucoup en arrière pour arriver à l'époque où le premier prévôt, Rainoard, a administré ce chapitre.

D'autre part, Honoré Bouche (3) fait mention d'une inscription, en lettres du viii⁰ ou ix⁰ siècle, qu'il a vue placée sur l'entrée de l'église de Saint-Rémi & qui provenait de celle de Saint-Pierre de Ménolier ou à *Mausoleo.*

Cette inscription était ainsi conçue :

SI · XPC · DS · ET · PETRVS · CLAVIGER EI' (us)

IAM · NISI · P (er) · PETRUM · NEMO · VIDEBIT · EVM ·

D'après ce document, le prieuré de Saint-Paul aurait existé dès le ix⁰ siècle.

D'après d'autres, dans un acte (4) de 982, Vénérius, évêque d'Avignon, donna au monastère de Saint-André & Saint-Martin, plusieurs églises, entre autres celle de Saint-Paul, située dans le territoire de *Freta, in agro Fretensi.*

(1) Blancard, *Iconographie des sceaux & bulles des archives des Bouches-du-Rhône*, pages 125 & 221, pl. XC, n° 7.
(2) Blancard, *Iconographie de sceaux & bulles des archives des Bouches-du-Rhône*, page 222, planche XC, n° 8.
(3) Honoré Bouche, *Chorographie de Provence*, tome Iᵉʳ, page 324.
(4) *Histoire générale de Provence*, tome Iᵉʳ, page 85.

L'examen de ces diverses constructions semblerait en effet permettre d'accepter cette supposition comme une réalité.

L'église est évidemment beaucoup plus ancienne que le cloître : la teneur comme le caractère des inscriptions tumulaires encastrées dans le mur de cet édifice viendraient confirmer cette assertion.

La première, que nous citerons seule, se compose de lettres, de forme antique, qui semblent appartenir à la fin du ix° siècle ou au commencement du x°.

> VII KL IANVARII
>
> OBIIT · RAINOARD' ·
>
> PRÉPOSITVS · I' ·

Et en examinant l'une après l'autre chacune de celles qui suivent, mentionnant les noms de GERVASIVS · BERNARDVS · GUILELMVS · RAIMVNDVS · GVILELMVS, on remarque une transformation successive dans la forme des caractères épigraphiques qui conduirait au commencement du xii° siècle.

Malheureusement, on ne peut rien conclure affirmativement de l'examen des appareils de l'église, raclée & remise à neuf; toutes les tailles, tous les indices venant à l'appui de son origine supposée du ix° siècle, ont disparu : restent son ordonnance architecturale, ses moulures & ses détails, qui ne sont pas une preuve complète.

Le cloître que nous avons figuré dans notre monographie (*planche III*) est vraiment ravissant; il appartient à cette première période du xii° siècle qui nous a laissé, dans ce genre d'édifices, les types les plus élégants & les plus variés.

De forme carrée, trois de ses faces sont régulières : elles sont composées de trois travées ouvertes sur le préau & garnies chacune de colonnettes accouplées, formant trois arcades & reposant sur un socle qui sépare les galeries du préau. Dans un angle du quatrième côté se trouve l'ouverture qui donne accès dans ce préau, & trois travées inégales & ornées de la même manière que celles des trois autres faces.

La voûte plein cintre des galeries est divisée par des arcs doubleaux simples ou moulurés, ou découpés par des entailles circulaires sur leurs arêtes. A chaque angle intérieur un arc en diagonale, supportant les intersections de cette voûte, repose sur un pilastre cannelé.

Les chapiteaux de ce monument offrent une variété de forme & d'ornementation des plus intéressantes : ils sont réunis à la fin de cet ouvrage (*planche LIX*) pour être décrits avec divers autres types qui caractérisent la sculpture du xii° siècle.

Nous ne quitterons pas les galeries du cloître de Saint-Paul sans mentionner l'élégance des archivoltes de deux de ses portes (*vol. III, planche IX*), l'une moulurée & l'autre décorée par des cannelures mêlées à de beaux profils.

Le réfectoire de ce prieuré est une vaste salle, dont la voûte en forme de mitre est divisée dans sa longueur par des arcs doubleaux & repose sur une corniche avec doucine dentelée sous forme de feuilles & ornée de dents de scie. Les archivoltes entourant les fenêtres de cette salle sont également décorées par des dents de scie de grande dimension & dont le triangle est mouluré.

Saint-Paul-de-Mausole est converti depuis le commencement de notre siècle en refuge d'aliénés ; son réfectoire a été divisé en deux étages depuis quelques années pour l'établissement d'un dortoir.

Le clocher de ce prieuré mérite également une mention particulière ; sa tour carrée, s'élançant au milieu de superbes ombrages, se termine par un étage percé d'ouvertures garnies d'arcades, reposant sur deux colonnettes accouplées ; du sommet des pilastres d'angles de cet étage partent des arcatures circulaires surmontées par une sorte de frise en imbrication. Une corniche moulurée couronne cette frise ; au-dessus d'un petit mur, percé de meurtrières, s'élève la pyramide quadrangulaire de la couverture en dalles de ce clocher.

CLOITRE DE SAINT-SAUVEUR (CATHÉDRALE D'AIX)

(BOUCHES-DU-RHONE)

Planches IV, V, VI, VII.

La construction du petit cloître attenant à la cathédrale d'Aix, est attribuée au prévôt Benoît, qui l'aurait fait élever à la fin du xie siècle, sous l'épiscopat de Rostang de Foz, & qui, vers l'an 1080, vint s'installer dans ces bâtiments claustraux avec six chanoines, pour desservir la nouvelle église adossée par ses soins à la nef dite du Sauveur (1).

Parmi tous les cloîtres du midi de la France, le cloître d'Aix peut être cité comme un des plus élégants. Ses façades sur le préau formant un carré parfait se composent de huit arcades, reposant sur des colonnettes accouplées, ornées de riches chapiteaux. Chacune de ces arcades est décorée de moulures & de rosaces aux formes les plus variées. (*Planche VIIe.*)

Un faisceau de colonnes droites ou en spirales & un pilastre (*planche VIe*) dont le fût est recouvert de rinceaux, forment les quatre angles de ce quadrilatère ; ils sont surmontés par les figures symboliques des évangélistes. (*Planches IVe & V^e.*) Du côté de la galerie, une corniche à feuilles renversées couronne cet ensemble. On remarque

---

(1) Notre appendice contient une dissertation importante sur l'époque des constructions de cet édifice & surtout sur la nef dite du *Corpus Domini ;* nous venons de faire dans la voûte de ce monument primitif de nouvelles & curieuses découvertes comme sigles & tailles, qui confirment notre théorie sur les monuments carlovingiens du midi de la France.

une grande analogie entre la sculpture de plusieurs des chapiteaux qui supportent ces arcades & celle du beau cloître de Palerme. Cette comparaison s'applique surtout à ceux représentant des scènes de la vie du Christ, dont nous donnons ici deux spécimens intéressants : l'un reproduit la nativité (fig. A), & l'autre les anges gardiens du saint sépulcre (fig. B).

CHAPITEAUX DU CLOÎTRE D'AIX.

Fig. A. — La scène de la nativité   Fig. B. — Les anges gardiens du saint sépulcre.

D'autres chapiteaux, ornés de feuilles d'acanthe droites, de rinceaux, de volutes, d'entrelacs avec figurines, ressemblent à ceux des cloîtres de Saint-Trophime d'Arles & de Montmajour. Nous reviendrons dans notre troisième volume sur les diverses écoles auxquelles il nous a semblé qu'il fallait attribuer ces gracieuses sculptures.

Aujourd'hui on a réuni sous les galeries de ce cloître des débris de statues, des autels des xi⁰ & xii⁰ siècles & divers monuments épigraphiques. L'un de ces derniers, engagé dans un entre-colonnement & servant de banquette, a acquis une juste célébrité par la dissertation importante d'un savant distingué, M. de Saint-Vincent (1).

Cette inscription, dont on a malheureusement scié la partie antérieure qui devait donner le nom de celui à qui elle était dédiée, nous apprend qu'au x⁰ ou au xi⁰ siècle il y avait dans la cathédrale d'Aix un chanoine qui enseignait la théologie & le chant des psaumes (1).

On conserve aussi dans cette métropole des sculptures remarquables, deux lions entre autres que nous décrirons également dans notre troisième volume.

(1) *Mémoires de l'académie d'Aix*, tome I, page 336.

ABBAYE ET CLOITRE DE SÉNANQUE (VAUCLUSE)

Planches VIII et IX.

L'abbaye de Sénanque (*abbatia Sinaque*) de l'ordre de Cîteaux, située au milieu des montagnes de Gordes, dans l'ancien diocèse de Cavaillon, fut fondée en 1148 & le 9 des calendes de Juillet, sous le vocable de Notre-Dame, par l'évêque Alfant (1). Son origine est attribuée à saint Bernard, dont le voyage, fait à cette époque dans les contrées du midi de la Gaule, coïncide avec cette date. Une charte de 1150 mentionne ce monastère & le nom des seigneurs de Simiane, qui furent ses premiers bienfaiteurs (2). Un autre acte, daté de 1173, confirme leurs donations en y ajoutant d'autres concessions

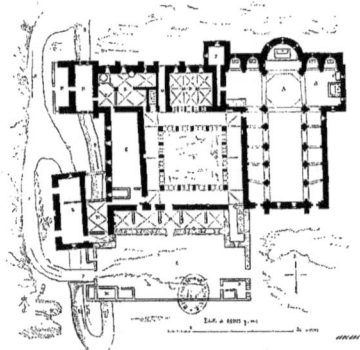

A, église; — a, tombeau; — B, cloître; — C, réfectoire;
D, salle capitulaire; — E, chauffoir; — cuisine; — F, four; — G, cour; — H, latrines; — I, sacristie; — L, écuries, étables;
M, bâtiments modernes; — N, dernières constructions; — O, vestibule, passage;
P, pont; — Q, cours d'eau; — R, chemin.

importantes. — Plus tard, en 1177 & 1184, les possessions de cette abbaye s'agran-
dirent par de nouvelles donations, & l'an 1225 Hugues II, archevêque d'Arles, donna

(1) Bouche, *Histoire chronologique de Provence*, tome II, page 116. Aix, MDCLXIV.
L. Rostan, *Étude d'archéologie comparée des abbayes du Thoronet, de Sénanque de Silvacane*, page 23. Aix,
imprimerie d'Aubin, 1852.
(2) *Gallia christiana instrum.*; — *Ecclesia cavellicensis.*

à l'abbé Pierre d'Albèges & à ses religieux une maison considérable & un hospice dans
sa ville métropolitaine.

D'après diverses chartes, le premier abbé de Sénanque se nommait Pierre. — Une
inscription placée à l'entrée d'une salle adossée à la salle capitulaire de cette abbaye,
porte ces mots :

VALLE . SINACINSI . PRIMVS . FVIT . ABA....

Une assise placée après coup, a malheureusement remplacé l'appareil qui portait sans
doute le nom de PETRVS.

Si l'on observe attentivement le caractère des anciennes parties de ce monastère,
il est facile de se convaincre que sa construction marcha avec rapidité & qu'elle fut
limitée dans un espace de trente ou quarante ans au plus, tellement son ordonnance
architecturale & ses détails sont d'un style uniforme et empreints du même caractère; on peut dire que c'est un des exemples les plus complets de nos monastères du
XIIᵉ siècle.

Son église fut probablement bâtie la première; puis le cloître & les bâtiments claustraux vinrent s'adosser au bas côté gauche de cet édifice.

Notre monographie de l'abbaye de Silvacane donnant complètement l'église de ce
monastère, d'une disposition presque semblable, nous nous sommes bornés à reproduire ici le cloître de Sénanque & la salle capitulaire, dans leur ensemble & dans leurs
détails.

« Le cloître, dit M. Rostan (1), situé au nord de l'église, dans la même disposition
« qu'au Thoronet & à Silvacanne, est complètement intégral. Ses quatre galeries sont cin-
« trées & d'une grande unité de style; ses voûtes ne sont point soutenues par des arcs-dou-
« bleaux; on n'y voit qu'une petite nervure aux angles & vers le milieu de chaque gale-
« rie. Ces galeries sont percées d'arcatures dans lesquelles se trouvent trois arcs inscrits,
« supportés par deux rangs de colonnettes accouplées. Ces colonnettes ont des chapi-
« teaux d'une remarquable variété, ornés de plantes grasses, de feuilles d'eau & de
« crosses végétales; un certain luxe de végétation sculpturale s'y trouve étalé. Ces
« deux rangs de colonnettes géminées, sur lesquelles reposent les trois arcs, sont
« séparés par des piliers carrés supportant les grandes arcatures qui les renferment. Ces
« colonnettes sont assez sveltes & élancées. L'aspect de ce cloître est moins austère,
« moins lourd, moins massif que celui du Thoronet; c'est moins simple & moins sombre,
« car la pierre a conservé sa blancheur primitive, & les sculptures qu'on y remarque
« sont très-variées & très-nombreuses pour un cloître de l'ordre de Cîteaux; elles sont
« toutes empruntées au règne végétal. Ce cloître n'a pas la forme d'un trapèze comme
« celui du Thoronet & exprime beaucoup moins le rigorisme monacal. . »

« La salle capitulaire, d'un noble caractère, placée aussi à l'est comme au Thoronet
« & à Silvacane, a, avec celles de ces deux abbayes, une frappante analogie. Seulement

---

(1) L. Rostan, *Études d'archéologie comparée : Trois abbayes de l'ordre de Cîteaux.* Aix (1852), pages 25 & 26.

« les voûtes paraissent cintrées, quoique coupées par d'épaisses nervures supportées par
« deux piliers carrés de forme & décorés d'une colonnette à chacun des angles. Leurs
« chapiteaux sont ornés de feuilles d'eau. Cette salle est percée à l'est de trois fenêtres
« cintrées, &, du côté du cloître, par des arcatures supportées par des colonnettes gémi-
« nées. Autour des murs règnent des siéges en pierre, conservés dans leur intégralité. »

Quant à l'église : « Elle a trois nefs coupées par un transept (1); sur ce transept sont
« quatre petites chapelles ou absides, flanquant la grande abside centrale exactement
« comme au Thoronet; toutes de forme circulaire à l'intérieur, voûtées en cul-de-four,
« &, au dehors, ces quatre petites absides sont aussi terminées par un mur droit &
« percées par des fenêtres disposées comme dans cette dernière abbaye. Mais, voici une
« différence significative, c'est une coupole octogonale avec niches dans les pendentifs,
« dans le genre de Notre-Dame-des-Doms d'Avignon, qui recouvre le point d'intersection
« des transepts; cette coupole se trouve surmontée du clocher ou tour carrée avec toit
« à quatre pans non pyramidal & dont les baies sont coupées par une colonnette sup-
« portant un linteau à la naissance de l'archivolte, sauf à la baie occidentale où cette
« colonnette a disparu. »

« Les voûtes des bas côtés sont semblables à celles du Thoronet & de Silvacane,
« c'est-à-dire voûtées environ aux deux tiers & de forme ogivale; celle de la grande nef,
« aussi en berceau, n'est soutenue par aucun arc-doubleau, ni nervures d'aucune sorte,
« ce qui lui donne un grand caractère de simplicité. Les arcades qui mettent les nefs en
« communication sont ogivales comme les voûtes, tandis que les fenêtres sont toutes
« cintrées; c'est là un caractère qui lui est commun avec le Thoronet & Silvacane. Sa
« grande façade occidentale n'a pas de porte & on y remarque (disposition singulière)
« les arrachements d'une voûte extérieure qui a été détruite & qui dénote une ancienne
« construction adhérente. Cette façade est seulement percée de deux fenêtres romanes
« surmontées d'une rose. Aux façades des nefs latérales on trouve une porte ou une
« fenêtre cintrée comme au Thoronet. Le transept méridional est percé de deux fenêtres
« & d'une rose en *oculus*, ce qui n'a lieu ni à Silvacane ni au Thoronet; car, dans la
« première, il y a trois fenêtres de front, &, dans la seconde, une seule très-prolongée.
« La grande nef n'a pas de fenêtres sur les faces latérales qui sont soutenues par des con-
« tre-forts assez saillants. »

« On remarque dans les chapelles du transept des autels semblables à ceux du Tho-
« ronet & de Silvacane, composés de pierres superposées... »

Sur les murs circulaires de ces chapelles sont gravées les inscriptions mentionnant
la dédicace de leurs autels par Benoît, qui fut évêque de Cavaillon, de 1156 à 1178, ce
qui prouve encore que les religieux travaillèrent avec beaucoup d'activité à la construction de leur église (2) & de leur monastère commencés en 1148.

Dans la pièce attenant à la salle capitulaire se trouve une cheminée bien conservée

(1) L. Rostan, *Abbaye de Sénanque*, page 24.
(2) *L'Abbaye de Sénanque*, par l'abbé Moyne, page 76; ouvrage précieux à consulter.

dont notre dessin (*planche VI*, 3ᵉ volume) reproduit fidèlement la disposition : elle se continue à partir du toit sous forme d'une colonne percée à son extrémité par des meurtrières & couronnée d'un cône dont la pointe est ornée d'un épi.

Aujourd'hui des religieux, suivant la règle de saint Bernard, ont rendu à sa destination première cet ancien monastère des moines de Cîteaux.

PRIEURÉ DE GRANDMONT (HÉRAULT)

Planches X & XI.

Sur un plateau élevé dominant la vallée de Lodève, au milieu d'une forêt, où se voient encore quelques *dolmens* & de nombreuses traces de l'occupation de ces contrées par les habitants primitifs de la Gaule, des disciples de saint Étienne de Muret vinrent fonder un monastère dépendant de l'ordre de Grandmont de Limoges, sous le vocable de saint Michel.

La date précise de l'origine de ce prieuré est inconnue; on sait seulement qu'il existait déjà à la fin du xiiᵉ siècle par un acte de délimitation où il se trouve mentionné. Ce n'est que vers l'an 1259 que ce petit monastère commence à être cité dans l'histoire des évêques de Lodève.

En interrogeant les diverses parties des bâtiments de Saint-Michel-de-Grandmont & en examinant attentivement les moulures & la sculpture qui les décorent, on acquiert la conviction que cette fondation ne peut être antérieure au milieu du xiiᵉ siècle : assurément l'église fut la première construction faite par les moines de Saint-Étienne-de-Muret (1).

On lit sur une plaque en pierre dure incrustée sur sa façade l'inscription suivante :

```
          ✠ CONSECRAT
     EST · HAEC · AVLᴬ
     XI ⫶ K ✠ JVNII ⫶ IN · HO
     NORE · SCI · MICHAE
     LIS · ARCANGELI ·
```

On remarque dans les lettres de cette inscription le C carré, mais aussi l'U formé par un trait, un arc de cercle & une barre droite qui n'apparaît qu'à la fin du xiiᵉ siècle.

---

(1) La communication obligeante d'un travail graphique consciencieux & précis, sur le prieuré de Grandmont, fait par M. Bésiné, architecte du département de l'Hérault, nous a permis de compléter nos études sur ce curieux monument.

Saint-Michel, comme nous l'avons déjà dit, dépendait de l'ordre de Grandmont de Limoges, maison puissante, qui comptait déjà soixante fondations vers la fin du XIIᵉ siècle (1).

Les historiens qui ont parlé du diocèse de Lodève, citent très-souvent ce prieuré jusques en 1772, époque de sa suppression par le pape Clément XIV.

Le plan général, tracé sur la planche X, indique la disposition des divers bâtiments qui se groupaient autour du cloître. Simples dans leurs formes architecturales, ses galeries & ses portiques présentent sous plusieurs aspects l'effet le plus pittoresque : on ferait plus d'un tableau ravissant dans le cloître de Grandmont. Il y a dans l'étrange composition de ses chapiteaux & de ses profils (planche XI), un sentiment artistique remarquable & qui se retrouve dans certaines sculptures du même genre de la Suisse; on dirait que la même main ou tout au moins la même inspiration les a créés. Il ne faudrait pas conclure de cette observation, que les quelques ornements du cloître de Grandmont sont l'œuvre d'artistes venus d'au delà des Alpes. Ce sont des formes qui semblent reproduites instinctivement par les ouvriers des premiers siècles du moyen âge de toutes les écoles. A la Manécanterie de Lyon (2), on voit également des chapiteaux de même type. Le monastère de Saint-Michel, construit en petits appareils de pierre dure, est bien bâti; il appartient à des propriétaires qui mettent tous leurs soins à conserver à ces anciennes constructions leur aspect primitif.

ÉGLISE ET CLOITRE DE LÉRINS (ALPES-MARITIMES)

Planches XII & XIII.

Il y a peu de monuments aussi intéressants à étudier pour un archéologue que l'église & le cloître de l'ancien monastère de Saint-Honorat de Lérins. On trouve en effet dans les diverses parties de ces constructions les comparaisons de styles & d'époques les plus curieuses à observer.

Sur la façade primitive de cette église regardant le couchant & dans sa première travée, jusques à une hauteur de trois mètres environ, on remarque des lettres, marques de tâcherons & des tailles dont nous démontrons l'origine carlovingienne dans notre appendice (3). On distingue parfaitement des raccords dans les parties plus élevées, indiquant une seconde période de construction ou plutôt de restauration faites après les premiers ravages des Sarrasins; enfin, le reste de l'édifice emprunte les formes, moulures

---

(1) Voir : *Histoire, antiquités & architectonique de l'Église de Lodève*, par J. Renouvier & Laurens. Montpellier 1837.
(2) *Recherches sur l'architecture au moyen âge & de la renaissance à Lyon*, par M. Martin, architecte.
(3) Appendice, page 23.

& profils du xe siècle. Cette classification succincte établie, il convient de revenir aux traditions historiques. La première date énoncée se rapporte à la consécration de cette église de Saint-Honorat, en 1088, sous l'abbé Aldebert (1). Le cloître devait être construit déjà, &, selon toute apparence, cette consécration fut faite à la suite de réparations entreprises pour relever les parties de l'édifice détruites par les barbares.

Quelques auteurs, interprétant une citation de la chronique de Lérins (2), attribuent à l'abbé Gancelme de Mayrèris qui, vers l'an 1306, fit diverses constructions à Saint-Honorat, le changement du chœur de cette église (*& chorum in ecclesia Sancti-Honorati*).

Selon eux, on dut transporter à cette époque le sanctuaire vers la façade & détruire

Vue de la façade transformée de l'église de Saint-Honorat
et du donjon de cette île.

l'abside primitive pour bâtir l'entrée qui existe aujourd'hui encore flanquée de sa colonne de marbre rouge, surmontée d'un chapiteau à enroulements, presque semblable à ceux qui décorent l'abside de Saint-Guillem-du-Désert (3).

Le simple examen des constructions de cette entrée, établie sur l'axe transversal de cette ancienne abside, tout aussi bien que le peu d'importance d'un changement pareil, qui consista simplement à murer une porte pour établir le nouveau chœur, prouvent qu'il faut appliquer cette citation du chroniqueur de Lérins à l'établissement de boiseries destinées à le clore & à l'orner; c'était, du reste, l'usage général au commencement du xive siècle. Nous pensons donc que ce changement d'orientation de l'église de Saint-Honorat, peut être considéré comme faisant partie des réparations exécutées sur les ordres de l'abbé Aldabert II, avant la consécration précitée.

(1) *Chronologie de Lérins*, I, page 376.
(2) *Chronologie de Lérins* (partie IIe), page 171.
(3) La colonne qui se trouvait à l'autre côté de la porte, transportée d'Antibes, où elle ornait une place, à Marseille pour y être réparée, est restée dans cette dernière ville (*Iles de Lérins*, par l'abbé Alliez. — Paris, Didier, 1830, page 23).

La voûte de cet édifice qui s'était écroulée fut rebâtie par l'abbé Jean de Thorna-fort vers l'an 1390 (1).

Ainsi que l'indique le plan général de cet ancien monastère (voir planche XIII) son église était formée de trois nefs : les nefs latérales très-étroites n'étaient que des passages sur lesquels la nef principale avait accès par cinq grandes arcades & une sixième, plus petite, à l'entrée de l'ancien chœur. Notre dessin représente une restauration de cet édifice, reproduite avec les éléments donnés par les parties encore debout; les quatre piles des deux premières travées, à partir de la porte de l'entrée primitive, subsistent encore; elles sont recouvertes par la voûte rebâtie en 1390.

Les chapelles du bas côté gauche sont de dates postérieures.

La façade de cet édifice est remarquable par la construction de son pignon, qui se compose de quatre piédroits avec baie centrale & arcs-boutants (2).

Dans ce frontispice était enchâssée, au-dessus de la porte, la face d'un superbe sarcophage en marbre blanc, représentant le Christ portant barbe & les douze apôtres. Quatre tiennent une couronne à la main & deux autres un rouleau sous le bras; — ces personnages sont placés sous des arcatures supportées par des colonnes torses (3).

De l'église, passons au cloître adossé à sa droite. On ne peut voir une construction plus sévère, plus sobre de profils & de moulures.

Les rares colonnes de ses angles sont terminées par des chapiteaux cubiques, couronnés par un simple quart de rond formant la corniche qui entoure les galeries à la naissance de leur voûte plein cintre.

L'église est en pierre tendre; le cloître est en pierre dure.

On remarque dans ces galeries un fragment d'inscription antique, renversé, qui sert de chapiteau à un pilier. En face du réfectoire se trouve le *lavabo* (4) : un tombeau romain forme son bassin; sur une longue plaque de pierre calcaire placée au-dessus de cette sorte d'auge sont gravés les deux vers suivants :

XRE TVA DEXTRA QVE MVNDAT ET INT ET EXTRA

INTERIV MVNDA MVNDARE QD HEC NEQVID VNDA

Près de la porte de cet ancien réfectoire est encastrée dans le mur, à plus de deux mètres d'élévation, l'inscription tumulaire d'un chevalier dont le frère, prieur de Saint-

---

(1) ... Cooperuit Ecclesiam majorem sancti Honorati. (*Chronol. Lérins*, II, p. 174.)

(2) Voir l'importante dissertation relative à cette particularité dans le *Dictionnaire raisonné de l'Architecture*, de M. Viollet-le-Duc, tome VII, page 31.

(3) La face de ce tombeau a été enlevée à tort de la place ancienne qu'elle occupait pour être incrustée dans la façade du réfectoire converti en chapelle.

Note de l'auteur. — En creusant sous l'entrée primitive de cette église, nous avons trouvé un squelette allongé sous le seuil parallèlement à la façade : mais rien n'a pu nous indiquer quel pouvait être le personnage à qui pareille sépulture avait été donné.

(4) *Les Iles de Lérins*, par l'abbé Alliez, page 32.

Antoine-de-Gênes, devint abbé de Lérins : deux cornets forment les armoiries de ce guerrier; elle est ainsi conçue :

✠ S · DNI · TARIONETI · MILITIS · DE · CORNETO · FRIS · TARIONI · MVNCHI · QVI · FRAT · FVIT · POR · IANVE · OBIIT · ANNO · DNI · M° · CCC° · XIII° · DIE · X · FEBRVARII

Comme le fait très-bien observer l'abbé Alliez, le cloître n'était certainement pas l'unique demeure des religieux de Saint-Honorat : de nombreuses cellules devaient exister dans l'île autour des édicules sacrés dont nous avons donné la description dans la première monographie de cet ouvrage.

Nous ne parlerons ici que pour mémoire du grand château qui reçut les moines de Lérins & les protégea contre les divers agresseurs de leur île. Le cloître élégant, placé au centre de ce donjon fortifié & formé de deux étages de colonnes & de colonnettes, est une des constructions les plus curieuses à visiter parmi les richesses archéologiques de cette terre, qui servit d'asile aux premiers pères de l'Église.

Avant de la quitter, saluons les rejetons du palmier légendaire qui protégea saint Honorat, lorsque sur sa prière son île fut couverte par les eaux pour la délivrer des reptiles & des animaux nuisibles qui la rendaient inhabitable.

S'élevant au milieu de la mer, sous un ciel d'azur, Lérins est une terre promise : elle possède une source fraîche, intarissable, & un climat aussi doux que bienfaisant. Espérons que les religieux Bernardins qui ont repris possession de cette ancienne abbaye continueront à conserver avec soin ces ruines précieuses, visitées & admirées par les archéologues du monde entier.

ABBAYE DU THORONET (VAR)

Planches XIV, XV, XVI.

L'abbaye de Notre-Dame de Florièges, *abbatia Floregiæ,* de l'ordre de Cîteaux, fut transportée, d'après *Gallia christiana,* au Thoronet, à six milles de distance, dans un vallon solitaire entre Lorgues & Carcès.

Selon quelques historiens, ce transport avait eu lieu en 1146. Dans la charte de Raymond Béranger, datée du 18 des calendes d'avril de cette année, le nom de Florièges seul est encore cité. Ce n'est que dans un privilége concédé en 1196, par Ildefonse, roi d'Aragon, que se trouve mentionné pour la première fois le nom de Thoronet...

*Dono, laudo, atque confirmo Deo omnipotenti illum locum quo situm est monasterium Sc.
Mariæ Toroneti* (1). Évidemment, M. L. Rostan, dans son mémoire sur cette abbaye, a
raison d'admettre qu'elle conserva quelques années encore après son transfert sa déno-
mination primitive; l'auteur de *Gallia christiana* lui-même l'appelle *Toronetum seu B.
Maria Florigiæ*. L'ordonnance architecturale du cloître & de l'église du Thoronet est assurément antérieure à la fin du xıı° siècle.

Ce monastère est particulièrement désigné dans le *grand rouleau des prières de la
maison des Baux* (1181), dont il sera fait mention dans la monographie de l'abbaye de
Silvacane.

Le messager porteur de ce parchemin fut reçu au Thoronet avec la plus grande
cordialité : les religieux décidèrent qu'une messe canoniale serait célébrée, chaque
année, pour le repos de l'âme de Bertrand des Baux & qu'une large part de ses bonnes
œuvres & prières serait appliquée également à cette intention.

L'abbaye du Thoronet s'enrichit de nombreuses & précieuses donations & demeura
très-importante jusqu'à la fin du xvıı° siècle. La liste de ses abbés est rapportée dans
Gallia christiana.

Trois parties vraiment remarquables dans cette abbaye méritent de fixer l'attention
de l'architecte & de l'archéologue :

L'église, le cloître & ses bâtiments claustraux.

Le plan de l'église du Thoronet se compose de trois nefs réunies entre elles par
trois travées formées par des arcades plein cintre : chaque travée est séparée par un
arc-doubleau en tiers-point comme la voûte & portant sur une demi-colonne qui repose
sur des consoles, à trois mètres environ du sol. Ces colonnes sont ornées de chapiteaux
cubiques; sur l'un d'eux est gravée une croix.

Les voûtes des bas côtés forment arc-boutant sur le mur de la nef principale, dont
la voûte se continue jusqu'à l'abside; cette nef est interrompue par un transept faisant
face à l'entrée. A droite & à gauche sont placées deux chapelles dont le plan se compose d'une partie carrée, terminée par une petite abside circulaire. Chacune de ces
absides recouvertes par une voûte en cul de four est percée d'une petite fenêtre.
Leurs autels sont encore en place; l'un d'eux se fait remarquer par sa forme & sa décoration bizarres (2).

L'abside centrale est la même comme plan & comme disposition : elle est éclairée
par trois fenêtres étroites & en plein cintre, percées en dessous de la corniche sur
laquelle repose sa voûte, composée d'une partie cylindrique & d'un quart de calotte
sphérique. — Telle est l'ordonnance de cette église, d'une simplicité extrême, sans moulure & sans la moindre décoration.

On descend de l'Église, dans le cloître par une porte percée dans la troisième

(1) *Gallia christiana*, tome I, col. 344 & 345.
Ouvrages à consulter : H. Bouche, *Chorographie de Provence*, pages 250, 258. — De Caumont, *Abécédaire d'archéologie*, 11 vol., édit. 1858, pages 27 & 40. — Cartulaire de Saint-Victor, *Dict. géog.*, t. II, p. 866.
(2) Voir planche XLVII de notre troisième volume.

travée du bas côté gauche. Le plan de ce cloître est un carré irrégulier; chacune de ses faces se compose d'une série d'arcades dans lesquelles sont encastrées des arcatures jumelles, dont le tympan est percé d'un œil & qui reposent sur des colonnettes (1) aux chapiteaux ornés de crochets ou de simples pans coupés.

Les angles des bases de ces colonnes sont garnis de griffes (2). Un berceau plein cintre, soutenu de distance en distance par des corbeaux, couvre la galerie longeant l'église. — Les trois autres sont couvertes par des arcs en tiers-point. Un banc, formé par la première assise sur laquelle reposent ces arcades, règne tout autour de ce cloître; il se répète en face sur une portion des murs du fond.

Sur la façade, vis-à-vis de l'église, se trouve un édicule qui recouvrait le *lavabo* ou grande vasque en pierre répandant l'eau par une quantité de petits orifices percés autour de ses bords : nous avons découvert dans le cloître divers fragments de cette vasque.

« Cet édicule, dit M. Viollet-le-Duc (3), est une salle hexagone tenant à la galerie « du cloître qui longe le réfectoire : les religieux entraient dans la salle par une porte « & sortaient par l'autre, de manière à éviter tout désordre; ils se rangeaient ainsi autour « du bassin au nombre de six ou huit pour faire les ablutions, conformément à la « règle de l'ordre de Cîteaux. » Cette salle extrêmement simple, est couverte par une coupole en pierre à cinq pans avec arêtiers dans les angles rentrants.

La salle capitulaire, adossée au transept gauche de l'église, a son entrée au milieu de la galerie–Est de ce cloître & prend jour sur elle au moyen de deux grandes arcades garnies de trois arcatures, reposant sur des colonnettes accouplées avec chapiteaux de forme cubique, avec tailloirs à simple biseau évasé. Deux colonnes isolées & des consoles engagées dans les murs supportent les retombées de six voûtes d'arêtes : leurs chapiteaux sont ornés de feuilles simplement épanelées. Un double rang de gradins règne sur les trois faces; celle opposée à l'entrée prend jour sur la campagne au moyen de trois ouvertures cintrées, à large évasement.

A côté de cette salle capitulaire se trouve une petite pièce, dont l'ouverture sur la galerie est composée d'une demi-colonne formant piédroit, à base moulurée, couronnée par un chapiteau cubique & soutenant avec deux colonnes engagées un linteau triangulaire. Il est difficile de déterminer quel pouvait être l'usage de cette pièce : on voit seulement par les traces des scellements, pratiqués dans ce piédroit, qu'elle devait être fermée par une clôture en fer (4). (*Planche XV.*)

Au–dessus de cette galerie faisant suite au transept gauche, s'élevait le dortoir dont nous avons donné la coupe transversale prise sur la salle capitulaire (*planche XVI*). La voûte en tiers-point qui recouvrait cette vaste salle était séparée par deux grands

---

(1) Voir le détail de la planche XV.

(2) Viollet-le-Duc, *Dictionnaire raisonné d'Architecture*, tome III, page 421.

(3) Viollet-le-Duc, *Dictionnaire raisonné d'Architecture*, tome VI, pages 170 & 171.

(4) *Errata.* — Lire sur la planche XV : Porte à côté de la salle capitulaire; & non : Porte d'entrée de la salle capitulaire.

arcs-doubleaux reposant sur des consoles faisant saillie sur la corniche placée à sa naissance (1).

Telle est la description sommaire de cette ancienne abbaye dont l'ordonnance aussi austère que grandiose peut être considérée comme un des types les plus curieux & les plus intéressants de l'architecture monastique des religieux de Cîteaux dans nos contrées méridionales.

ABBAYE DE SILVACANE (BOUCHES-DU-RHONE)

Planches XVII, XVIII, XIX & XX.

L'existence d'un établissement religieux dans l'immense vallée de Silvacane, traversée par la Durance, est de beaucoup antérieure à l'abbaye de ce nom. — La chronique rapporte en effet que les Frères Pontifes, dont le siége principal était à Bon-Pas, près d'Avignon, accoururent vers le x° siècle dans cette forêt de joncs & de roseaux, marécage insalubre & infesté de brigands; ils vinrent pour protéger jour & nuit les voyageurs contre de nombreux bandits qui désolaient cette contrée déserte & assurer en même temps le passage dangereux d'un bac qui servait de communication entre les deux rives du fleuve. L'assainissement & le desséchement de ces marais fut également leur occupation journalière, & ils rendirent ainsi à la culture d'immenses terres jusques alors improductives. Ces religieux devaient avoir un gîte & surtout un lieu de prière. Un examen minutieux des constructions de l'abbaye de Silvacane permet en effet de reconnaître des matériaux ayant appartenu à une chapelle qui a dû précéder l'époque de sa fondation; ces appareils isolés portant les tailles & les marques des ouvriers carlovingiens & qu'on retrouve dans le mur à droite du réfectoire & dans certaines parties du cloître, sont évidemment des matériaux anciens utilisés.

Les Bénédictins succédèrent aux Frères Pontifes & achevèrent leurs travaux agricoles. Le nombre de ces nouveaux habitants du terroir de Silvacane devint si grand qu'il fallut songer à agrandir leur demeure. A cette époque régnait Bertrand I° des Baux qui, voulant reconnaître les bienfaits de ces religieux dans cette contrée, fonda la belle abbaye dominant aujourd'hui cette vallée fertile en face de la chaîne des montagnes du Luberon (2).

« *Fundator ejus fuit Raimundus de Bancio pro remedio animæ suæ & parentum suorum,*

---

(1) La monographie de cette intéressante abbaye a été publiée dans les *Archives des monuments historiques*, par M. Questel, avec le soin & le talent d'un habile dessinateur.

(2) L. Rostan, *Abbaye de Sylvacane*, page 17. Ouvrages à consulter : *Statistique des Bouches-du-Rhône*, tome II, page 944.

« *dedit deo & abbati & monachis B. Mariæ de Morimundo locum de Silvacanâ ad monas-*
« *terium construendum secundum statuta ordinis cisterciensis. Datum anno* 1147 (1). »

Lorsque mourut Bertrand des Baux, en 1181, un messager de Silvacane quitta l'abbaye
& partit pour remplir une mission pieuse dans toutes les maisons de Cîteaux; il était
porteur d'un parchemin long de douze mètres (2), exposant en son en-tête la fatale
nouvelle de la mort de ce prince & demandant des prières pour le repos de son âme.
Chaque abbé y inscrivit de sa propre main son engagement, souvent même avec des
annotations spéciales. Parmi ces adhésions se trouve celle du monastère de Notre-Dame-
du-Thoronet qui voulut témoigner de sa reconnaissance envers ce prince par des fondations pieuses toutes particulières.

Cette famille princière des Baux continua d'accorder ses faveurs & priviléges à
l'abbaye de Silvacane. Un acte de Hugo, seigneur des Baux, daté d'Aubagne du 5 des
calendes de décembre 1220, donne permission à ces moines de faire dépaître tout leur
bétail sans redevance dans toutes les terres appartenant à cette principauté (3).

A plusieurs chartes conservées dans les archives des Bouches-du-Rhône sont
appendus les sceaux des abbés de Silvacane.

Le plus ancien est celui de l'abbé Gislebert (1155) dont voici la légende en capi-
tales romaines entre cordons :

✠ SIGILL : ABBIS : SILVECANE ·

Dans le champ, une main droite tient la crosse tournée en dehors & le mani-
pule (4).

Les autres sceaux du xiii° siècle portant la même inscription représentent : *l'abbé
mitré, vu de face avec chasuble, tenant un livre & sa crosse tournée en dedans.*

En 1450, sous le pontificat d'Eugène IV, l'abbaye de Silvacane fut adjointe au chapitre de Saint-Sauveur d'Aix (5).

Dans une monographie des plus précises de cette abbaye, M. Rostan décrit en ces
termes l'église de Silvacane.

« Cette église a une grande ressemblance avec celle du Thoronet. Comme celle-ci :
« trois nefs coupées par un transept, voûtes ogivales en berceau avec arcs-doubleaux
« reposant sur des colonnes à chapiteaux qui portent sur des consoles; celles des bas
« côtés voûtées aux deux tiers seulement; quatre arcades ogivales mettant en communi-

(1) *Gallia christiana*, tome I, col. 344 & 345.

(2) Ce rouleau a été édité par les soins de MM. Deslile & Blancard dans le volume n° LXII de la *Société de l'histoire
de France.*

M. de Jessé-Charleval à la session du congrès scientifique de France, tenu à Aix, en Provence, en 1866, a rappelé ce
précieux parchemin dans une notice sur l'abbaye de Silvacane.

(3) Blancard, *Archives, départ. des Bouches-du-Rhône*, page 49.

(4) Blancard, *Archives, départ. des Bouches-du-Rhône*, page 217, planche LXXXIX, n° 8.

(5) Sous la révolution, tout le monastère fut vendu &, à l'exception de l'église rachetée il y a quelques années par l'État,
il est encore converti en bâtiment de ferme : la belle salle capitulaire sert d'écurie.

« cation les nefs entre elles; mais les quatre chapelles du transept ainsi que la grande
« abside ont une forme différente : au lieu d'être voûtées en cul-de-four, elles se
« terminent carrément à l'intérieur comme à l'extérieur. Ce chevet, ainsi terminé par
« un mur droit, est assez commun aux églises cisterciennes; cependant le Thoronet &
« Sénanque n'ont pas adopté cette forme. Ces petites absides sont chacune percées
« d'une ouverture cintrée & l'abside principale de trois ouvertures surmontées d'une

Vue du transept et de l'abside de l'église de Silvacane.

« rose. A la face méridionale de transept on remarque aussi trois fenêtres assez larges
« & placées de front. La grande nef n'a point de fenêtres, ni au nord, ni au midi;
« elle se trouve éclairée par la façade occidentale, les bas côtés & les transepts. Dans
« cet édifice, le caractère des fenêtres y est différent de celui du Thoronet; elles y sont,
« en général, beaucoup moins étroites & n'ont pas la forme de meurtrières. La façade
« occidentale est plus ornementée qu'au Thoronet; elle est percée d'une porte cen-
« trale décorée de trois voussures avec tores, portant sur deux colonnettes de chaque
« côté, aujourd'hui absentes, mais dont les chapiteaux variés subsistent encore & ren-
« ferment, à gauche, des feuilles & des fleurs. Le tympan porte un écusson ajouté plus
« tard avec les armes de Saint-Sauveur d'Aix. (L'agneau & la croix.) Au-dessus de
« la porte sont trois fenêtres cintrées & une grande rose à moulures toriques, dont
« les meneaux sont brisés; par-dessus cette rose se trouvent encore trois petits orne-
« ments creux & arrondis, placés en forme de triangle : c'est probablement une
« image symbolique de la Trinité. Chacun des bas côtés a aussi sa porte avec linteau
« saillant & orné; sur le tympan de la porte gauche se trouve une croix sculptée; une
« petite fenêtre domine chacune de ces portes. L'intérieur de cette église est noble,
« beau, harmonieux; l'ogive des voûtes me semble assez bien marquée; les chapiteaux
« des colonnes sur lesquelles reposent les arcades & les arceaux des voûtes, sont ornés
« de feuilles bien fouillées. Il y a plus de sculpture & plus d'ornementation qu'au
« Thoronet. A l'intersection des transepts, la voûte est d'arête avec croisillons saillants.
« Les absides latérales sont décorées d'arcatures cintrées au fond & ogivales sur les
« faces des côtés; leurs voûtes sont aussi coupées par des nervures massives qui reposent

« sur des colonnes à chapiteaux ornés de larges feuilles d'eau. L'abside principale est
« décorée d'une sorte de niche gothique du xvᵉ siècle, très-élégante, mais très-mutilée,
« avec dais, pinacles, crosses végétales, panneaux à ogives trilobées; on y remarque
« l'écusson du Saint-Sauveur & d'autres armoiries. On trouve aussi dans cette abside
« des crédences cintrées & de grands arcs ogivaux très-prononcés sur les côtés.

« Les autels de ces diverses absides sont mutilés; il n'en existe plus qu'un d'entier,
« simple & carré, composé de pierres superposées, semblable à ceux du Thoronet.

« Le dallage de l'église a entièrement disparu. Le sol était beaucoup plus haut dans
« la nef du sud que dans le reste de l'édifice.

« L'extérieur de l'église est sévère & monumental; il est flanqué de contre-forts
« nombreux & saillants, ce qu'on ne remarque point au Thoronet. Les toitures sont
« supportées par des corniches qui circulent autour de l'édifice, soutenues par des
« modillons très-simples (1). La pyramide qui surmontait la tour carrée du clocher
« a disparu; il ne subsiste plus qu'un clocheton angulaire (2). Cette tour est percée
« de fenêtres cintrées, divisées par une colonne à chapiteau peu orné, supportant
« deux petites arcatures inscrites dans la grande. Il existe aussi, à côté du transept
« méridional, une petite tour carrée, percée de meurtrières triangulaires; cette tour
« renferme un escalier en colimaçon, aujourd'hui en ruine.

« Cette église est majestueuse & simple, mais d'une simplicité moins grande toute-
« fois que celle du Thoronet, où règne une nudité d'ornementation poussée jusqu'à la
« dernière limite; tandis qu'à Silvacane, déjà les prescriptions de saint Bernard semblent
« moins littéralement observées. »

L'église de Silvacane est évidemment la construction la plus ancienne de ce monastère : son cloître, sa belle salle capitulaire comme la plupart de ses bâtiments claustraux appartiennent au xiiiᵉ siècle, & ne doivent être cités que sommairement dans ce
recueil.

La cuisine & le réfectoire, salle vaste & remarquable, sont une addition du commencement du xivᵉ siècle.

ÉGLISE ET CLOITRE DE VAISON (VAUCLUSE)

Planches XXI, XXII, XXIII & XXIV.

D'après le R. P. Anselme Boyer, l'historien de l'église de Vaison, ce fut l'évêque
Umbert Iᵉʳ qui fit construire, en 910, la cathédrale de cette ville sous le vocable de
Sainte-Marie, & son cloître qu'il dota de douze chanoines.

---

(1) Un dallage en pierre recouvrait la nef et les bas côtés. Toute cette couverture a été restaurée sous la direction
de la Commission des Monuments historiques.
(2) Voir la planche XXV du troisième volume.

Il y a là très-probablement confusion entre les mots : relever, restaurer & construire. L'église de Vaison porte en effet les traces de quatre constructions d'un style complétement différent. L'abside & la travée qui la précède, ainsi que les chapelles absidales, sont incontestablement les plus anciennes. La première grande travée surmontée de sa coupole; les deux travées antérieures, avec la grande corniche à rinceaux de la nef, côté droit (3ᵉ volume, planche XVII), œuvres du maître ès pierres VGO, où l'on retrouve tous les caractères de l'architecture carlovingienne de la première époque, sont postérieures à cette première partie.

La troisième période pourrait être attribuée à l'évêque Umbert; elle comprendrait la restauration générale de l'église dévastée par les barbares; la frise du côté du cloître avec la grande inscription (3ᵉ volume, planche XIII), la restauration des voûtes & des toitures; la construction du clocher sur l'une des petites absides jusques à la corniche, & le cloître, en partie du moins; car deux de ses travées paraissent par leurs moulures ou sculptures appartenir à une époque postérieure. Il faudrait ranger dans la quatrième période, comme restauration, la corniche du clocher & la grande corniche du côté gauche de la nef, toutes deux à modillons, & faites à l'imitation de celle de Sainte-Croix-de-Montmajour, chapelle bâtie en 1016, c'est-à-dire au commencement du xiᵉ siècle.

L'église de Vaison aurait donc une partie mérovingienne, deux autres carlovingiennes, dans la première & seconde période de cette race de nos rois; enfin elle aurait subi une quatrième restauration au commencement du xiᵉ siècle.

L'église de Notre-Dame-de-Vaison qui, seule avec Saint-Quenin, eut le privilége d'échapper, en 1160, à la destruction totale de cette cité, est située au bord de la rivière de l'Ouvèze, à quelque distance de la ville actuelle.

Nous suivrons pour sa description l'ordre chronologique de sa restauration, établi sur nos conjectures.

L'abside principale, entourée à l'extérieur d'un massif carré surmonté d'un fronton avec moulures & denticules, circulaire à l'intérieur, est couverte par une voûte en cul-de-four. Cinq arcatures supportées par des arcades reposant sur des colonnes en marbre cipolin aux fûts antiques & dont les chapiteaux ont tous les caractères de la sculpture mérovingienne, décorent ce sanctuaire; sous l'arcature centrale on voit en place, comme dans les anciennes basiliques, le trône de l'évêque (planche XXIII), & sous les autres, des tombeaux des xivᵉ & xvᵉ siècles, aujourd'hui mutilés.

L'autel ancien est encore debout; c'est une grande table de marbre supportée par quatre colonnes, & adossée à un couvercle de tombeau avec cannelures ondulées.

La travée qui précède le chœur est surmontée d'une coupole avec pendentifs ornés des emblèmes des quatre évangélistes, avec leurs noms gravés sur des phylactères. L'ordonnance des autres travées est remarquable par les figures cantonnées sur lesquelles reposent les arcs-doubleaux séparatifs des travées & par l'ornementation antique à modillons des impostes de leurs arcades. Dans la voûte, composée de deux arcs de cercle, sont percées en pénétration les fenêtres ornées à l'extérieur de colonnes cantonnées qui éclairent ce vaisseau.

Les bas-côtés avec leur voûte elliptique forment arc-boutant contre cette grande nef.

Sur les claveaux de la première arcade à droite, se trouve gravé parmi bien d'autres sigles le nom d'VGO(1) le maître ès pierres, qui a élevé plusieurs églises dans ces contrées.

La corniche extérieure couronnant la grande nef sur sa face latérale à droite (planche XVII, 3ᵉ volume), est une imitation des rinceaux les plus élégants de l'architecture antique.

La même corniche sur le côté gauche en face le cloître est décorée d'une manière tout à fait différente : des modillons avec intervalles relevés en biseau, sont placés sur toute la longueur de la nef au-dessus d'une grande frise sculptée (planche XIII, 3ᵉ volume) au-dessous de laquelle est gravée une inscription en caractères de forme presque antique (2). Ces modillons & leurs intervalles sont ornés de rosaces & d'entrelacs aussi riches que variés. A Sainte-Croix de Montmajour, à Saint-Trophime d'Arles & dans plusieurs autres églises, on retrouve le même motif dans les corniches des parties appartenant au commencement du xiᵉ siècle. C'est un des caractères spéciaux de transition de l'architecture de cette époque dans les contrées méridionales. Elle abandonne ainsi l'imitation servile de l'art romain du bas-empire & semble s'inspirer du style arabe, introduit par les Sarrasins.

Voici cette inscription : les traits séparatifs figurent les joints des pierres sur lesquels elle est gravée, indication importante pour rétablir son texte, incomplétement donné jusqu'à ce jour :

OBS | EC | ROV | OS | FRA | TRES | A QLO | NIS | VIN | CITE P | ART | ÈS

SECT | ANT | ES C | LAVS | TRVM | QASIC | VENI | ETI | S ADAV | STRV |

TRIFI | DAQ | V AD | RIFI | DVME | MOR | ETS | VCC | END | ERE | NID | VM |

IGN | EA | BISS | ENI | S | LA | PID | VMS | ITV | TA | DDI | TA | VEN | IS |

PA | XV | HIC | DO | MVI |

En étudiant les caractères de cette belle inscription, on y remarque le C carré (Ḻ), le D à panse aplatie à son extrémité; le G en colimaçon, & plusieurs des lettres particulières au xᵉ siècle.

Plusieurs archéologues ont cherché quel pouvait être le sens de ces quatre vers léonins; le plus acceptable est celui qui leur attribue une signification mystique, telle que le savant bibliothécaire d'Avignon les a interprétés (3).

---

(1) Voir Appendice, page 18; nom découvert par l'auteur en 1869.

(2) Les lettres de cette inscription ont 0ᵐ,20 de hauteur.

(3) Notes d'un Voyage dans le midi de la France, Mérimée, page 189, & inscriptions grecques & latines découvertes à Vaison, par A. Deloye, bibliothécaire de la ville d'Avignon. (Extrait de la bibliothèque de l'École des chartes, 2ᵉ série, tome IV, page 305.) — Les mots intervertis ou manquant dans la reproduction de ce texte, par les auteurs, sont Venietis & addita.

« Que les religieux endurent, avec la résignation de la vertu chrétienne, les incom-
« modités de cette froide demeure, en suivant les règles du cloître, ils parviendront un
« jour à la demeure céleste (*ad austrum*), où ils seront embrasés de l'amour divin. »

Tels seraient les conseils que l'évêque Umbert avait voulu mettre constamment
sous les yeux des religieux, qui devaient se succéder dans les bâtiments claustraux
entourant alors cette cathédrale.

La façade de cette église, dans sa partie supérieure, présente une disposition
analogue à celle de l'église de Lérins.

Le clocher est une grande tour carrée : dans les appareils sont inscrustées de
nombreuses inscriptions antiques entières ou fragmentées & quelques pierres sculptées. Le sommet de cette tour (voir planche XXXVII, 3ᵉ volume) est percé sur
deux de ses faces de deux arcades avec colonnes cantonnées ; les deux autres n'ont
qu'une seule arcade décorée de la même manière. Cet étage est construit sur une
corniche à modillons, superposée sur une grande frise. L'ensemble & les détails de
cette corniche indiquent que cette partie du monument a été élevée à la même
époque que la grande corniche figurée dans la planche XIII. (3ᵉ vol.)

Le cloître a la forme d'un carré long ; les deux faces les plus étroites se composent
de quatre arcades remplies par des arcatures assises sur des colonnes géminées ; la
face adossée à l'église n'existe plus ; elle a dû être démolie, car on retrouve encore les
traces de ses fondations (1). Celle placée vis-à-vis se compose à ses extrémités de deux
arcades semblables à celles précitées, & au centre de deux grandes arcades ouvertes,
contre leurs piliers on remarque des amorces d'un avant-corps, dont on n'a pu, même
en fouillant tout le sol du préau, découvrir la moindre trace. Ce sont sans doute les
pierres d'attente d'un *lavabo*, qui n'a peut-être jamais été construit.

La sculpture des chapiteaux de ce cloître est très-curieuse à observer (pl. LXVII,
3ᵉ volume). Ils ont une certaine analogie avec l'ornementation des parties construites
par l'évêque Umbert. Cependant leur finesse & les moulures de leurs tailloirs leur assi-
gneraient une époque postérieure à la fin du xᵉ siècle.

La vue perspective prise sur le préau (planche XXII) figure la singulière corniche
qui règne tout autour des faces de ce cloître : c'est une guirlande de feuillages, se
déroulant en riches festons sur ces appareils d'une régularité parfaite & qui sont l'œuvre
des plus habiles ouvriers.

Dans les galeries, converties en musée, sont disposées de nombreuses inscriptions
antiques, des fragments de sculptures ; mais on y remarque surtout la belle table d'autel
en marbre de Paros (2) provenant, dit-on, de l'église de Saint-Quenin.

(1) Cette quatrième aile vient d'être rétablie comme consolidation du bas côté gauche de l'église.
(2) Voir la description de cet autel & son dessin dans le IIIᵉ volume, planche L.

ÉGLISE ET CLOITRE DE CAVAILLON (VAUCLUSE)

Planches XXV, XXVI, XXVII, XXVIII, XXIX & XXX.

L'histoire de l'église de Cavaillon est une des plus incomplètes parmi celles rapportées dans *Gallia christiana*. Entre l'épiscopat de saint Véran, 585, & celui de Lupus, 788, on ne trouve le nom d'aucun autre prélat. Les flammes ont dû détruire tous les actes et archives qui auraient pu servir à combler cette lacune (1) : il n'est donc pas possible de se baser sur un document historique pour fixer la date de la fondation de l'église de cette ville. Tous ceux qui ont écrit sur ce monument se bornent à dire qu'il est très-ancien. Cependant le père Polycarpe de la Rivière (2) cite, à la date de 1023, une première dédicace de cet édifice religieux, que l'évêque Jugilramnus & le comte Guillaume venaient de faire élever à grands frais; l'ancienne église, & une grande partie de la ville ayant été détruites peu d'années auparavant par un incendie. Il est très–probable que c'est encore là une restauration dont il s'agit : l'ancienne église ne pouvait pas avoir complétement disparu par l'effet des flammes. Nous retrouvons mentionné de nouveau (3) dans une charte de 1232 une autre consécration par le pape Innocent IV : encore l'évêque siégeant alors n'y est-il pas mentionné.

Il faut donc analyser la construction & les détails d'architecture ou de sculpture de cet édifice pour arriver à connaître son origine assurément carlovingienne. On y retrouve en effet tous les caractères distinctifs de cette époque, mentionnés dans notre appendice. (4).

La nef, à l'intérieur, comme ordonnance générale & comme détails, est semblable en tous points à celle de Notre–Dame–des–Doms & à celle de Saint–Sauveur d'Aix (planche LII, 2ᵉ vol., & planche LVI, 3ᵉ vol.).

Il est difficile, en examinant ce plan, aujourd'hui défiguré par l'addition de chapelles latérales construites dans l'intervalle de ses contre-forts, de savoir si cette église avait des bas côtés, comme plusieurs archéologues l'ont supposé.

Cette nef se composait de cinq travées de même ordonnance. Chaque travée est séparée par un arc-doubleau supporté par deux colonnes surmontées d'un chapiteau, dont l'ensemble en figure deux superposés & d'inégale grandeur. Les fûts de ces colonnes sont ornés de cannelures droites ou en spirale. Sur un de ces fûts s'enroule un serpent

---

(1) *Gallia christiana*, tome I, page 942.
(2) M. SS. de Carpent. Citée par M. Courtet, *Dictionnaire des communes de Vaucluse*, 1857.
(3) *Gallia christiana*, tome I, 947 & *Instrum.*, page 155.
(4) *Appendice*, page 21.

mordant une pomme. Une corniche ornée de feuilles d'acanthe, du style de celle de Saint-Gabriel, réunit tous les piliers sur lesquels s'élève cette décoration.

Après ces cinq travées vient celle sur laquelle est construite une coupole surmontée d'une tour octogonale, addition du xiie siècle, dont la planche XXX reproduit l'ensemble & les détails.

L'abside, terminant cette nef voûtée en ogive comme celle de Vaison, est décorée d'arcatures cachées par un grand retable doré : des peintures modernes d'un goût équivoque, l'addition de sculptures grossières déparent aujourd'hui ce remarquable édifice & ont fait disparaître en grande partie les traces de son ancienne origine.

Heureusement, l'extérieur a été respecté. La corniche à rinceaux, imitée de l'antique, qui couronne le mur à droite de cette nef, ressemble à celle de Notre-Dame-de-Vaison.

Celle du côté gauche est un des plus curieux spécimens de sculpture carlovingienne. Quelques moulures garnies de canaux & d'oves, interrompues de distance en distance par une feuille saillante, comme les mufles de lion des corniches romanes, encadrent une suite de sujets des plus intéressants.

En tête, un homme vêtu d'une tunique tient un immense oliphant; viennent ensuite Adam & Ève, séparés l'un de l'autre par l'arbre du bien & du mal; puis, comme pour indiquer la rédemption de leur faute, l'Agneau pascal & sa croix suivi par un lion; des griffons buvant dans une coupe, un taureau, un sanglier; deux roues de char, un chasseur, tenant de sa main droite une pique & de sa gauche un oliphant; une grande rosace, un animal colossal; un guerrier, vêtu d'une simple tunique, portant sa lance & son bouclier; puis un arbre garni de pommes; un autre chasseur armé & tenant son bouclier, combattant des cerfs au milieu d'une forêt; une sirène, une coquille, & quelques autres motifs de même nature. (Pl. XXVI.)

Le faire grossier de cette sculpture & les détails des costumes, armes ou oliphants, des personnages représentés dans cette série de bas-reliefs, appartiennent à la période comprise entre la fin du viiie & le commencement du xe siècle. Les assises placées au-dessous de cette frise sont garnies de tailles & de lettres de tâcherons, dont la forme est tout à fait celle des caractères définis dans l'*appendice* de cet ouvrage.

Le mur extérieur de l'abside de cette église (planches XXVI & XXVII) a la forme d'un demi-décagone; à chacun de ses angles est engagée une colonne cannelée, sur laquelle reposent des archivoltes à moulures ornées de roses & de feuilles saillantes : une fenêtre décorée de la même manière est pratiquée sur la face centrale. Une corniche avec feuilles & oves, faisant saillies sur des consoles ornées de feuilles ou de figures, entoure cet élégant chevet : restauration de cet édifice qui paraît appartenir à la fin du xiie siècle. En effet, si l'on examine (planche XVIII) ces beaux chapiteaux avec feuilles & enroulements, on reconnaît qu'ils sont l'œuvre des artistes qui, à cette époque, dotèrent nos monuments du Midi de cette riche ornementation d'un style & d'un caractère tout à fait distincts. C'est peut-être à la suite de cette restauration que fut faite en 1232 la nouvelle consécration attribuée au pape Innocent IV.

Une crête composée de demi-cercles entrelacés forme le faîtage de la couverture de la grande nef.

Le cloître annexé à l'église de Cavaillon est de petite dimension, il se compose de quatre galeries; ses arcades cintrées reposent sur des piliers ou des colonnes engagées. Les profils & l'ornementation de ses chapiteaux sont des plus simples : dans ces murs sont incrustés plusieurs inscriptions & quelques bas-reliefs mutilés qui paraissent appartenir au xive siècle. La cathédrale de Cavaillon est placée depuis son ancienne consécration sous le vocable de Notre-Dame & sous celui de saint Véran, patron des bergers de Provence.

ABBAYE DE MONTMAJOUR (BOUCHES-DU-RHONE)

Planches XXXI, XXXII, XXXIII, XXXIV, XXXV, XXXVI, XXXVII, XXXVIII, XXXIX & XL.

A l'extrémité de la vallée des Baux, au milieu de terrains marécageux qui s'étendent jusques au Rhône, s'élèvent trois grands mamelons; l'un terminant à gauche la plaine de Crau, sur lequel a été bâtie la ville d'Arles; le second lui faisant face & formant l'extrémité d'une chaîne des Alpines, sur lequel a été construite l'abbaye de Montmajour; enfin entre les deux, semblable à une île rocheuse au milieu de la mer, la montagne de Cordes, ayant servi, dit Anibert (1), de place d'armes aux Sarrasins qui dévastèrent Arles dans le viiie siècle, & possédant une grotte taillée de main d'homme dont le plan curieux a la forme d'une épée gauloise.

D'après Dom Chanteloup, l'historien célèbre de Montmajour, la fondation de cette abbaye ne remonterait pas avant le xe siècle (2); il fait reposer son assertion sur une charte de cession d'une noble dame du nom de Teucinde qui échangea en 948, avec l'église d'Arles, l'île de Saint-Pierre, dite de Montmajour, contre des terres lui appartenant, &, qui, cet échange obtenu, donna cette île aux religieux (*Eremitis*) qui l'habitaient autour d'une grotte ou plutôt d'une petite retraite (*cellam*), asile où saint Trophime avait l'habitude de venir chercher à se reposer des fatigues de son apostolat.

Mais l'auteur de *Gallia christiana* ajoute que par un nouvel acte (qu'on a prétendu être daté du 14 août 952):

« ..... *commutatione facta Teucinda montem majorem tradidit Mauringo, qui jam ut* « *abbas præerat monachis in loco illo congregatis.* » Il y avait donc déjà sur cette

---

(1) *Dissertation historique sur la montagne de Cordes,* par Anibert. Arles, MDCCLXXIX.
(2) *Gallia christiana,* page 604, tome I.

colline de Montmajour des religieux réunis en grand nombre & ayant à leur tête un abbé.

D'autre part, dans les lettres de confirmation à Mauringue par l'archevêque Manassès de la donation faite par la dame Teucinde. — (Lettres attribuées à tort à la date de 976, puisque le comte Boson qui les a signées est mort en 968.) — Il convient d'observer qu'on trouve mentionnée : *Ecclesia sancti Petri sita in loco Montismajoris*, laquelle église se trouvait jusques alors sous la juridiction des évêques d'Arles & de l'église métropolitaine de Saint-Étienne qui ajouta plus tard à ce vocable celui de Saint-Trophime.

Il existait donc à Montmajour une église de Saint-Pierre.

Mais il est également rapporté dans *Gallia christiana* que Rambert (2) qui fut abbé de ce monastère, à dater de 1012 environ, entreprit de bâtir une église sous l'invocation de la sainte Vierge & de tous les saints.

Il fit construire également une chapelle dédiée en l'honneur de la sainte Croix; il la commença en 1016 & elle fut consacrée en 1019. — Il s'agit ici de ce remarquable édifice décrit & représenté dans notre premier volume, & qui devint plus tard un type nouveau dont on introduisit les détails dans la restauration des édifices des contrées méridionales.

Quelle était donc cette église en l'honneur de Notre-Dame? Pons de Marignane, archevêque d'Arles, dans la charte de consécration de Sainte-Croix la désigne parfaitement; il dit : « Si le pénitent visite cette église (Sainte-Croix) le jour de sa dédicace.... « s'il donne quelque aumône pour la construction de l'église de la Vierge qu'on bâtit « actuellement sur la même montagne..... » Il s'agit ici de la grande église haute de Montmajour bien évidemment.

Mais, construire, bâtir ou restaurer, nous le répétons, sont des mots très-souvent confondus ou employés l'un pour l'autre par les chroniqueurs ou rédacteurs d'actes & de chartes.

L'examen comparatif de l'église de Montmajour avec la chapelle de Sainte-Croix établit une différence telle entre l'ordonnance architecturale & les détails de sculpture de ces deux édifices, qu'il est impossible d'admettre qu'ils sont l'œuvre d'ouvriers contemporains; & d'abord, il existe entre les sigles de Sainte-Croix & ceux de l'église basse ou haute de Montmajour, une différence très-grande.

Les premiers sont des tracés géométriques, des lettres à peine indiquées & de forme incorrecte; ceux de Montmajour, au contraire, se rapprochent beaucoup plus de la forme des lettres antiques imitées par les Mérovingiens & les Carlovingiens; elles sont de grande dimension & ressemblent tout à fait à celles de Saint-Honorat des Aliscamps & de Saint-Étienne (plus tard Saint-Trophime).

D'autre part, si on examine avec soin les fenêtres de l'abside à pans coupés de

(1) *Gallia christiana*, tome I; *Instr.*, page 104.
(2) *Gallia christiana*, tome I, page 605.

cette église principale, on remarque que les archivoltes aux profils romains décorant ces baies reposent sur des colonnes & des chapiteaux rapportés qui n'ont pas été faits pour le cantonnement qu'ils occupent, & ces chapiteaux sont l'œuvre évidente des mêmes sculpteurs de la ravissante chapelle de Sainte-Croix, qui rend impérissable dans l'histoire de notre architecture méridionale le nom de l'abbé Rambert.

Il nous est donc permis de penser comme Chanteloup (1), que cette église *menaçant ruine* fut rebâtie en 1016.

A ceux qui prétendraient que la crypte de Montmajour est une œuvre trop remarquable, comme coupe de pierre & comme science de construction, pour qu'il soit permis de l'attribuer à un siècle antérieur au commencement du xe siècle, il convient de rappeler avec quel art sont bâties les églises de Notre-Dame-des-Doms, de Cavaillon, de Saint-Gabriel, de Vaison, de Saint-Restitut, & celle de Saint-Sauveur d'Aix dont la coupole & les pendentifs sont couverts de pointillés & de fougères.

Il y a une certaine analogie, nous en convenons, entre les profils du porche qui précède Sainte-Croix & ceux de la crypte de Montmajour : mais il n'y aurait rien de surprenant que les ouvriers travaillant à cette chapelle se soient inspirés des profils de cette église souterraine.

L'abbé Rambert aurait donc fait une grande restauration de l'église de Montmajour, citée dans plusieurs chartes & actes antérieurs à son administration & qui aurait été saccagée lors de la dernière invasion sarrasine.

Nous reviendrons dans notre description sur les parties qui peuvent lui être attribuées.

Telle est la conviction que nous avons acquise par l'examen comparatif des documents historiques & des deux constructions de Sainte-Croix & de cette grande église abbatiale.

D'après la chronique de Lérins & d'après Saxius, l'origine de cette abbaye remonte à Childebert. Suivant d'autres (2), elle aurait été *fondée* ou *restaurée* par le roi Hugues, vers 946, sous le titre de Saint-Pierre.

Nous pourrions rappeler encore des actes & des chartes constatant que les religieux de ce monastère reçurent en plus d'une occasion les faveurs, les concessions & les priviléges les plus importants de tous les princes & souverains qui gouvernèrent le royaume d'Arles; mais nous nous bornerons à mentionner ici les documents qui intéressent la fondation des monuments que nous allons décrire : l'église avec sa crypte, le cloître & ses bâtiments claustraux.

La crypte se compose d'une partie centrale circulaire recouverte par une voûte sphérique (planche XXXII). Les murs de ce sanctuaire, qui a encore son autel au centre, sont percés de cinq baies prenant jour sur une galerie concentrique, surmontée d'une voûte annulaire.

---

(1) *Histoire manuscrite de Montmajour* (bibliothèque d'Arles), par Dom Chanteloup, page 32.
(2) *Guesn. in cassilust*, page 55.

Autour de cette galerie, dans l'axe de chacune de ces baies, rayonnent cinq chapelles en forme de fer à cheval & voûtées en cul-de-four. Aux deux extrémités de
la grande galerie transversale placée en avant de cette disposition, se trouvent deux
chapelles semblables.

Les cinq ouvertures de la partie centrale représenteraient les cinq plaies du Christ, &
les sept chapelles, les sept sacrements.

On remonte à l'église haute par une sorte de couloir en pente douce, taillé en
partie dans le rocher & voûté en berceau (planche XXXIII). Les murs de cette galerie
sont couverts de marques de tâcherons.

L'abside de l'église haute, circulaire à l'intérieur, repose sur le mur de la galerie de
la crypte autour duquel rayonnent les chapelles. A l'extérieur, elle accuse la forme
d'un demi-octogone présentant un de ses angles sur l'axe longitudinal; trois fenêtres
l'éclairent. Il n'existe aucune ouverture sur la face du nord. A droite & à gauche de
cette grande abside sont accolées deux chapelles demi-circulaires, placées à chacune des
extrémités d'un transept étroit reposant sur les fondations de la galerie transversale
précitée. Cette grande nef n'a jamais été achevée. Deux travées seules sont voûtées;
les trois autres ne sont accusées que par leur mur & leurs piliers de droite, qui ne
s'élèvent qu'un peu au-dessous de la naissance des voûtes. Il convient de signaler ici
une observation des plus importantes à l'appui de notre opinion sur l'origine de ce
monument. Les marques de tâcherons de l'abside, nombreuses, grandes & de style
antique sont différentes dans les deux travées de la nef; & dans la première, surtout
près de l'entrée actuelle, elles disparaissent presque complétement. Ajoutons qu'au
centre de la cloison en pierre, servant de façade à cet édifice inachevé, se trouve une
porte surmontée d'une archivolte reposant sur une colonne dont le chapiteau & les
moulures peuvent être attribués sans crainte d'erreur au commencement du xi° siècle.
Les transepts accusent aussi certains remaniements de la même époque; il en est d'autres,
l'incrustation ou plutôt l'application des demi-colonnes de l'entrée de l'abside avec leurs
chapiteaux, la voûte en croisillon des transepts & la rosace centrale qui appartiennent
au commencement du xiii° siècle; les tombeaux des transepts comme la chapelle située
à l'extrémité de celui de gauche appartiennent aux xiv° & xv° siècles. Deux chapelles de la même époque sont élevées sur une grande salle annexée à la crypte &
bâtie au niveau de son sol.

La grande salle voûtée s'appliquant contre le transept droit & la seconde travée, par
ses moulures, paraît également appartenir au xi° siècle.

Donc, il faudrait, selon nous, attribuer à l'abbé Rambert cette grande salle, la réédi-
fication d'une partie de l'église, de ses voûtes, d'une partie de la seconde travée, la
reconstruction entière de la première, la continuation de son côté gauche contre lequel
est adossé le cloître, & enfin la cloison qui sert de façade & qui aurait été établie
entre la seconde & la troisième travée; les ressources & les aumônes demandées
par l'archevêque Pons de Marignane n'ayant probablement pas permis de pousser
plus loin les travaux.

Avant d'entrer dans le cloître, il est nécessaire d'observer l'abside de cette église à l'extérieur, & de rappeler d'abord ses fenêtres à colonnes cantonnées placées après coup. A deux mètres environ au-dessus des fenêtres l'appareil change comme dimension, comme couleur de matériaux; les marques de tâcherons disparaissent complétement. C'est là encore la ligne de démarcation évidente d'une restauration.

Le cloître de Montmajour offre à peu près la même disposition que celui de Sénanque, mais il est mieux étudié sous le rapport de l'écoulement des eaux & comme divisions accusées dans le préau par des pilastres cannelés; les profils sont corrects, bien exécutés; ses galeries spacieuses (planche XXV), prises sous divers aspects, ont fourni au pinceau du célèbre peintre Granet, au crayon habile & correct du comte de Turpin, plus d'une page charmante.

Vue intérieure du cloître : tombeau de Geoffroy.

Les voûtes en berceau de ces galeries sont soutenues sur l'axe de chaque pilier central des travées par un arc-doubleau chanfreiné ou mouluré (planche XXXVIII), reposant du côté du préau sur deux pilastres superposés avec chapiteaux ornés & appliqués contre une face sillonnée de cannelures (planches XXXVI & XL); & du côté des murs intérieurs sur des consoles à figures & à rinceaux.

A l'entrée de la galerie qui communique avec l'église se trouve le tombeau de Geoffroy VI, comte de Provence (de 1054 à 1063), œuvre de la fin du xiie siècle, sur laquelle on voit encore des traces de peinture de cette époque : on avait voulu embellir la sépulture du bienfaiteur de cette abbaye qui, primitivement, ne consistait que dans un simple sarcophage recouvert d'une dalle, sur laquelle était gravée une inscription en lettres entrelacées du xie siècle & divisée en deux par une croix flanquée de quatre rosaces; elle est conçue en ces termes[1] :

(1) Cette inscription curieuse est aujourd'hui déposée au musée d'Arles. — Voir *Revue des sociétés savantes*, 1864, 3e série, tome IV, page 326.

HIC COMTEMPLATOR	DNE · IOLDIFREDVM
COMPVNCTVS MENTE VIATOR	TVNC COMITEM INTIMVM
NAM QVOD ES ISTE FVIT	MITIBVS IHC MITIS
NVNC MEMOR ESTO SVI	DVRVS FVIT IPSE REBELLIS
SI FORET HOC IVSTVS	OPTANS CŒLICOLAS
QVEMQVAM LVGERE TVORVM	SVSPICIT INDIGENAS

Le côté droit porte moulure : on lit sur le filet supérieur le mot IERO avec l'E lunaire.

Iodocus Sincerus qui publia en 1627 son *Voyage dans la Gaule* (1), en décrivant l'abbaye de Montmajour, s'exprime en ces termes :

« . . . On montre dans cet endroit la crypte où saint Trophime exerça le culte
« de Dieu; le trou dans lequel il se cacha à l'approche des infidèles; la pierre creusée
« dans laquelle il prit son sommeil; & une autre où il posa ses vêtements. Le chœur
« est séparé du reste de l'église par des grilles de fer travaillées avec une grande per-
« fection. Dans la cave souterraine sont déposés les ossements des soldats tués dans le
« combat que se livrèrent Charlemagne & les Sarrasins? *In peristilo sepultus est Dynasta*
« *qui nescio cujus generis (certe ex grandioribus) piscium primo captum sibi in recognitionem*
« *debitum monasterio legavit.* Dans le même endroit, du côté gauche de l'entrée, tu verras
« une dalle tumulaire avec la statue de Jeanne, reine de Jérusalem, avec une couronne,
« & du côté gauche, sa sœur, sans couronne. ».

Le tombeau du prince (*Dynasta*) dont parle le voyageur est très-probablement celui de Geoffroy. Mais où pouvaient être placées ces deux statues? étaient-ce celles dont nous allons parler.

Presque au centre de la galerie à gauche en entrant dans le cloître par l'exté-rieur & faisant face à l'église, se trouve l'entrée du réfectoire (planche XXXVII). Sa porte, encadrée par des moulures en retraite & couronnée par un arc en décharge, est flanquée de chaque côté, dans une niche, d'une statue posée sur un socle orné de feuilles en forme de chapiteau. La figure de gauche représente un homme. Nous avons retrouvé parmi des décombres la tête de la statue de femme placée à droite : elle porte en effet une couronne de comtesse, mais sa coiffure ornée de bandelettes, le costume & le faire de cette statue ne peuvent être attribués qu'au commencement du XIIᵉ siècle. Il y a une grande analogie entre ces deux figures & celles qu'on remarque à la porte royale de la cathédrale de Chartres.

L'opinion de l'antiquaire Séguin paraîtrait plus acceptable, il ne doute pas que cette femme ne soit Adélaïde (Adalaïs), comtesse de Provence & veuve de Guillaume Iᵉʳ, morte en 1027. — Quelle serait alors l'autre statue? elle aurait pu représenter Guil-laume Iᵉʳ, son époux. On sait que ce prince fut un des bienfaiteurs de l'abbaye de

(1) *Iodoci Sinceri, itinerarium Galliæ*, Genova, 1627, page 181.

Montmajour; il mourut à Avignon, & son corps fut porté à Sarrians, dans l'église du prieuré de Cluny qu'il y avait fondé.

Donc si Iodocus a voulu faire allusion aux statues placées près de l'entrée du réfectoire, en parlant de celle de Jeanne, reine de Jérusalem, il a fait erreur; car cette princesse vivait au milieu du XIIIe siècle. Et comment admettre d'autres versions qui les baptiseraient des noms d'Archambault, vicomte de Châtillon, & d'Élisabeth, comtesse de Foix, père & mère du cardinal de Foix, archevêque d'Arles & abbé commendataire de Montmajour. Cette supposition est encore inadmissible : ils ont vécu vers 1450.

A l'angle du cloître, en face le tombeau de Geoffroy, se trouvaient deux figures posées côte à côte & formant pilastre pour recevoir la retombée de l'arc-doubleau placé en diagonale (1) : elles représentent saint Pierre, premier patron de Montmajour, & saint Benoît, qui devint celui des religieux de cette abbaye.

La sculpture des chapiteaux des colonnes supportant les arcatures du cloître est de deux époques : les uns remontent à sa fondation, qui peut être attribuée au milieu du XIIe siècle; leur ornementation est simple, mais d'une belle exécution; les autres sont du XIVe siècle & représentent divers sujets tirés de l'Évangile. Le cloître de Saint-Trophime en possède de semblables, mais ces derniers sont tous en marbre blanc.

Vue de l'abside de Montmajour & de la tour de Pons de Ulmo.

Il n'est rien de plus pittoresque que les ruines de cette belle abbaye & de ses dépendances : la vue extérieure de l'abside & de la grande tour de Pons de Ulmo est d'un aspect saisissant. Du côté d'Arles, toutes ces constructions de diverses époques s'harmonisant, soit comme masses, soit comme lignes, avec les rochers sur lesquels elles sont assises, forment la silhouette la plus imposante dans ce grand paysage de la vallée des Baux.

(1) Ce bas-relief est conservé au château de Servanes, près Mouriès (Bouches-du-Rhône).

ÉGLISE ET CLOITRE DE SAINT-TROPHIME

(ARLES-SUR-RHONE)

Planches XLI à LIV.

Pour connaître l'origine d'un monument, lorsque des documents historiques précis font défaut, le moyen le plus sûr est d'appeler à son aide l'étude comparative des constructions de diverses époques, qui ont contribué à constituer son ensemble.

Nous emploierons donc cette méthode pour arriver à apprécier ce que peut avoir de fondé la tradition qui attribue à saint Virgile la construction de l'église de Saint-Étienne d'Arles, appelée par la suite Saint-Trophime.

Rapportons d'abord l'opinion admise par les historiens d'Arles & de Provence.

Suivant saint Adon, archevêque de Vienne, mort le 16 décembre 875 (1), saint Trophime d'Arles est le même Trophime que saint Paul laissa malade à Milet, qui fut ordonné à Rome, & de là envoyé à Arles : tradition confirmée par l'inscription gravée sur le *pallium* de la statue de l'admirable frontispice de cette église.

Un préteur romain, disent les chroniqueurs, céda à Trophime son prétoire pour le convertir en temple chrétien. Les restes de ce monument seraient les constructions, aujourd'hui souterraines, qui se voient sous les deux premières travées de l'église dédiée à ce disciple.

Dans les *Lettres Grégoriennes* (2) il est dit que saint Virgile, évêque d'Arles, bâtit dans cette ville en 601 la basilique de Saint-Étienne, son église cathédrale, en même temps qu'il élevait hors la ville un temple dédié à saint Trophime & à saint Honorat, où il fut enseveli après sa mort. Il le consacra le 17 mai 626.

P. Saxius (3), parlant de saint Virgile, répète cette assertion en ces termes : « ... *Templum enim divo Stephano dicavit, a sacris quos continet cineribus sancti Trophimi nuncupatum.* »

En 650, l'archevêque Théodose, révoqué de son titre épiscopal, entendit prononcer contre lui, dans cette basilique, la sentence qui le déclarait, par décision du Concile, déchu de sa dignité et le condamnait comme hérétique.

En 738, les Sarrasins envahirent la ville d'Arles; ses habitants se réfugièrent dans l'église Saint-Étienne : elle fut pillée par les barbares qui respectèrent toutes ses constructions, & se bornèrent à soumettre à un tribut les chrétiens qui continuaient à

---

(1) *Saint Adon, martyrologe*, Rome, 1745, in-folio, pages 25 & 33.
(2) *Gallia christiana*, page 541, tome I.
(3) *Historia primatum S. Alerat. ecclesiæ, P. Saxius*, page 150.

fréquenter ce temple. « *Sed cur templum divo Stephano a Virgilio dicatum, quod nunc sancti Trophimi est; a gente barbara, & quæ ritibus nostris abhorret non est excisum? ... Exigebat siquidem gens avara a Christianis tributum ut solito more templa frequentarentur* (1). »

L'auteur de *Gallia christiana* (2), en retraçant l'épiscopat de Joseph II, archevêque d'Arles, rapporte qu'en 813 un concile s'assembla dans l'église de Saint-Étienne, martyr, « *ubi in frequenti cœtu orationem habuit.* »

En 1029, Gérardus, usurpateur du royaume d'Arles (3), se fit couronner roi dans l'église Saint-Étienne par l'archevêque Pons de Marignane, qu'il souffleta plus tard dans ce lieu saint pour ne pas l'avoir attendu à la messe de minuit.

Donc en 1029, la basilique Saint-Virgile, respectée par les Sarrasins, n'avait pas été détruite; agrandie peut-être, elle conservait les premières constructions élevées par son saint fondateur.

Mais voici de nouveaux documents inédits & qui apporteront une nouvelle preuve que la nef & le chœur de Saint-Trophime sont antérieurs au xie siècle, époque à laquelle la fondation de l'église actuelle est encore attribuée de nos jours.

PLAN.

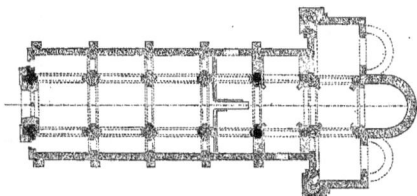

Fig. 19 (4). Plan de l'église de Saint-Trophime, indiquant le résultat des fouilles : échelle, 0m,002.

Des fouilles, entreprises au mois de juillet 1870 (4) pour fonder les piliers restaurés de la nef, ont mis à découvert les traces d'une crypte à l'entrée de la quatrième travée. Cette crypte se composait d'une sorte de couloir conduisant à deux travées : la première placée sous la quatrième travée de la nef, la seconde sur celle du milieu des transepts précédant l'abside. Les voûtes de cette chapelle basse étaient supportées par quatre colonnes cantonnées; des placages contre les piliers avaient régularisé les murs & fait disparaître les ressauts des piliers de la nef primitive.

Le plan & la coupe (fig. A & A') indiquent le niveau du dallage ancien; celui de l'église actuelle, à 1m,25 en contre-haut, & enfin un arceau & des traces qui font

(1) *Petrus Saxius*, page 162.
(2) *Gallia christiana*, tome I, page 545.
(3) *Abrégé chronologique de l'histoire d'Arles*, par De Noble Lalauzière; Marseille, 1808, page 113.
(4) Ces fouilles ont été faites par l'auteur pendant le cours des travaux de restauration de l'église de Saint-Trophime, exécutés sous la direction de la Commission des monuments historiques.

connaître à quelle hauteur devait s'élever le dallage de la partie supérieure de cet avant-chœur se prolongeant jusqu'à l'abside.

Or quel est le style de ces colonnettes cantonnées? Leurs bases sont du xiiᵉ siècle, & tout fait supposer que cette sorte de crypte, qui rappelle du reste la disposition

COUPE.

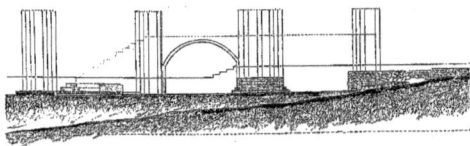

Fig. 19 (A'). Église de Saint-Trophime : coupe sur l'axe longitudinal, indiquant le résultat des fouilles : échelle, 0ᵐ,004.

semblable de l'église Saint-Honorat, fut construite à la même époque que le portail, au moment de la translation des reliques de saint Trophime.

Cette translation solennelle fut faite en 1152 par l'archevêque Raymond de Mont-Rond, de l'église Saint-Honorat dans celle de Saint-Étienne (1), qui prit officiellement dès lors le vocable de Saint-Trophime, appellation que le peuple avait l'usage de donner à sa cathédrale en l'honneur du fondateur de l'église d'Arles (2).

Une partie du corps de saint Trophime était déjà vénérée dans cette basilique ; c'est ce qui semblerait résulter de l'acte suivant, rapporté par l'auteur de *Gallia Christiana* (page 900, tome 1), dans la notice d'Étienne XXX, évêque de Vénasque :

« *Ego Stephanus Vendascencis ecclesiæ vocatus episcopus promitto... obedientiam canonicam*
« .... *ecclesiæ Sancti-Stephani sedis Arelatenis ubi corpus B. Trophimi confessoris*
« *quiescit...* &c. »

Les fouilles précitées ont mis à découvert l'abside principale ; elles n'ont pu être poussées au delà des bras des transepts, mais en observant les amorces de la construction ancienne, il est possible d'affirmer qu'ils avaient aussi leurs petites absides.

Nous venons de voir comment l'existence de cette crypte, ajoutée au monument, nous a donné les moyens de prouver que l'église était antérieure au xiᵉ siècle, assertion qui serait sans valeur, si on ne s'appuyait que sur l'addition du portail ; mais voici une autre observation résultant de ces fouilles & dont l'importance est bien plus grande.

Les deux piles extrêmes de la quatrième travée, mises à nu jusqu'à leurs fondations, ont révélé l'existence de deux piles en croix autour desquelles ont été plaquées les appa-

(1) *Historia primatum S. Arelat. ecclesiæ, P. Saxius*, page 231. — *Gallia christiana*, tome I, page 561.

(2) Un témoin oculaire fit de cet événement une relation en vers qui est parvenue jusqu'à nous : voir *P. Saxius, pontif. Arelat.*, page 231 ; & *Mémoires historiques sur l'ancienne république d'Arles*, par M. Anibert, 2ᵉ partie, chapitre VII, pages 103 & suivantes.

reils de la nef, formant les faisceaux des piliers supportant les arcades, les arcs-doubleaux des deux côtés, & les grands arcs-doubleaux séparatifs de la nef principale.

Évidemment ces deux piles en croix sont plus anciennes que les constructions qui
les entourent; & en ce cas, n'est-il pas permis de les attribuer à l'édifice bâti par saint
Virgile, dont les anciens chroniqueurs nous révèlent la construction?

Il n'est pas sans intérêt d'ajouter qu'au niveau du sol de ces piliers se trouve un
fragment de mosaïque attribué au viie siècle, & que les appareils de ces piliers en croix
portent des tailles mérovingiennes & des lettres, marques de tâcherons.

Quant à la démolition de l'abside actuelle & à la transformation de toute cette
partie de l'édifice par l'addition d'un chœur avec collatéraux & chapelles collatérales,
l'histoire nous apprend qu'elle fut l'œuvre du cardinal-archevêque Louis Allemand ;
on détruisit évidemment à cette époque la chapelle basse pour rétablir sur un même
niveau le pavé de cette église.

De tout ce qui précède, il est donc permis de conclure que saint Virgile fonda
son église, dédiée à saint Étienne, sur l'emplacement du prétoire romain signalé par
la tradition comme ayant été consacré par la présence de saint Trophime, & dont les
traces se voient encore sous la première & la deuxième travée ; — que l'église de
Saint-Virgile fut agrandie après lui à l'époque carlovingienne, & que le concile de 813
se tint dans cette basilique, dont la nef subsiste encore aujourd'hui avec ses bas côtés ;
— que vers la fin du xiie siècle, à l'époque de la translation des reliques de saint
Trophime, on éleva le portail plaqué contre ce grand vaisseau, & on construisit
la chapelle basse (1) pour déposer les reliques du saint fondateur & patron de l'église
d'Arles.

L'opinion qui attribue le portail à l'évêque Hugues Béroard ne saurait être admise :
cette conjecture ne s'appuie du reste que sur la forme de la mitre de la statue de
saint Trophime, forme qu'on retrouve pareille à d'autres époques. Il nous paraît plus
juste de rapporter cette grande page à l'épiscopat de Raimond II de Mont-Redon.

Le chanoine Gilles Duport, dans son ouvrage qu'il imprimait en 1690, dit que
les deux petites portes, placées de chaque côté de cette façade, venaient d'être construites
quelques années auparavant.

Revenons maintenant au plan de l'église tel qu'il nous a été conservé. Une grande
nef & deux bas côtés étroits, divisés en cinq travées, sont séparés par un transept de
la grande abside circulaire, flanquée à droite & à gauche de deux absides plus
petites, également voûtées en cul-de-four. Aux deux extrémités de ce transept sont
placés deux escaliers ; celui de droite conduit au clocher.

Comme aux églises de Saint-Sauveur d'Aix (pl. LII, n° 11), de Vaison, de Cavaillon,
de Notre-Dame des Doms, les faisceaux de piliers de chaque travée supportent les
arcs-doubleaux des bas côtés, ceux de la grande nef & ceux des arcades (pl. LII, n° 1).

Chaque travée de la grande nef est séparée par deux arcs-doubleaux contre-butés

---

(1) La crypte découverte en 1870.

par des contre-forts doubles (1). Celui du centre repose sur un pilier qui monte du sol jusques à sa naissance; l'autre repose à droite & à gauche sur des colonnes cantonnées.

L'examen comparatif de ces détails donne une idée exacte de l'ordonnance qui semble choisie de préférence par les architectes carlovingiens; dans cette période de deux cents ans environ, elle fut généralement adoptée par eux dans la construction de nos églises méridionales. La voûte de la grande nef est formée de deux arcs presque en tiers-point. Les arcs-doubleaux des bas côtés sont à pleins cintres; mais leur voûte dans chaque travée est formée par un arc de cercle très-surbaissé.

Cette nef était éclairée au midi par des fenêtres circulaires dont le type se voit encore comme simple décoration du côté du nord. Celles qui existent aujourd'hui sont l'œuvre d'une dégradation générale de ce beau vaisseau, entreprise dans le siècle dernier.

Le chœur actuel fut construit vers le milieu du xv⁰ siècle, par ordre du cardinal Louis Allemand qui est enterré à l'entrée du collatéral droit du sanctuaire, en face la porte du cloître.

Avant de quitter l'intérieur de cette métropole, mentionnons les beaux sarcophages, & les inscriptions curieuses qu'elle renferme. La plus importante est celle qui est gravée en lettres de 0ᵐ,20 de hauteur sur le mur de la cinquième travée du bas-côté gauche, & dont voici le texte :

TERRARUM ROMA GEMINA DE LUCE MAGISTRA

ROS MISSUS SEMPER ADERIT VELUT INCOLA JOSEP

OLIM CONTRITO LOETEO CONTULIT ORCHO

Quel sens faut-il donner à cette inscription, attribuée par la plupart de ses commentateurs à saint Virgile lui-même ?

« M. de Rebattu, dans l'explication de ces trois vers (2), imprimée à Aix en 1644, « fait remarquer que la réunion des lettres du commencement, du milieu et de la fin « de ces lignes forment les premières syllabes des trois mots : TRO (phimus), GAL « (liarum), APO (stolus). » (3)

Le chevalier de Romieu, en 1726, & Millin, en 1808 (4), se sont livrés à des interprétations différentes. Voici celle de ce dernier :

La double Rome (3'), maîtresse de la terre (3²), sera toujours une rosée (3³) envoyée du

(1) Lorsque la planche LII a été gravée, l'auteur n'avait pas eu les moyens de reconnaître l'existence de cet arc-doubleau central, des raccords opérés lors d'une restauration de cette nef sous Louis XIV l'avaient fait disparaître en entier; on s'était borné à continuer en plâtre ses ornements & ses moulures. La disposition primitive de cet arc-doubleau est conforme à l'agencement de celui de Saint-Sauveur d'Aix, dessiné sur la même planche.

(2) Le signe ⁀ est mis pour fixer l'attention du lecteur sur les lettres formant le commencement de ces mots.

(3) *Études sur Arles*, Estrangin, Aix 1838, page 175.

(4) Millin. — *Voyage dans le midi de la France*, tome III, page 597.

(3') Selon Millin, Rome était appelée *Gemina*, à cause de la translation de l'Empire à Constantinople, devenue la seconde Rome.

(3²) Rome est souvent appelée *maîtresse de la terre* par les anciens auteurs.

(3³) *Ros* signifie instruction & par conséquent *religion*.

ciel (3⁵) *telle que celle que le colon Joseph* (3⁵) *a portée dans le monde* (3⁶) *après avoir vaincu l'infernal Orcus* (3⁷). Avec lui on peut dire que cette inscription semblerait être plutôt l'œuvre d'un graveur du commencement du x⁸ siècle que celle d'un artiste contemporain de saint Virgile : la forme des lettres semblerait corroborer cette opinion.

Parmi les monuments que la ville d'Arles montre avec un légitime orgueil, la façade de Saint-Trophime est assurément le plus beau & le plus important. Contemplons ce poëme saisissant, taillé dans le marbre & dans la pierre & cette grande page d'iconographie chrétienne, formant un ensemble des plus harmonieux & des plus complets sous le rapport architectural.

Nous conduirons bientôt notre lecteur devant la façade de l'église de Saint-Gilles, d'un aspect peut-être plus monumental, malgré que l'œuvre soit inachevée. Ces deux sœurs dans l'art chrétien méritent l'étude la plus minutieuse, & de leurs comparaisons naissent les observations les plus utiles & les renseignements les plus précieux pour l'archéologue comme pour l'architecte.

Elles furent en effet créées, à une époque où les saintes Écritures, l'Ancien comme le Nouveau Testament, commencèrent à être enseignées par le ciseau du sculpteur ou le pinceau du peintre, tout autant que par la voix du prêtre. La religion se servait alors avec autant de fruit de ce langage de l'art écrit sur la pierre ; s'adressant à l'intelligence de tous en frappant les yeux, il se gravait plus facilement dans les cœurs. Une pensée principale présidait donc toujours, comme dans un discours sacré, dans la composition de ces grandes pages de sculpture. A Saint-Trophime, c'est le jugement dernier qui occupe la première place. A Saint-Gilles, c'est la vie du Christ rédempteur ; & à ces scènes reproduites souvent avec une naïveté d'expression, n'affaiblissant en rien l'admiration de ceux qui les contemplent, se rattachent des sujets tirés de la Bible, & des figures symboliques indiquant le triomphe de l'Église, désignant les vices & les passions à l'horreur & au mépris par la représentation de monstres hideux, dévorant l'homme comme les animaux.

Au milieu du tympan du frontispice de Saint-Trophime trône le Christ-Juge, entouré de quatre évangélistes, personnifiés par leurs figures symboliques : l'ange, l'aigle, le lion & le taureau. Trois anges placés au sommet de ce tympan sonnent la trompette du jugement dernier. Cette scène imposante est en quelque sorte encadrée par les archivoltes ornées de figures d'anges à mi-corps qui prient & célèbrent les louanges de Dieu (1).

Au-dessous de ce motif principal, dans une frise reposant sur le linteau, sont

(3⁵) *Missus de luce*, envoyé du séjour de la lumière, du ciel.

(3⁵) *Incola Joseph*, M. de Rebattu pense que ce mot désigne Jésus-Christ, il est appelé *Incola* parce qu'il est colon dans ce monde, comme Joseph l'avait été en Égypte.

(3⁶) *Contulit.*

(3⁷) *Lœteo* pour *Lethæo orco* : ces expressions, empruntées en partie du paganisme, désignent aussi, dans les auteurs sacrés, l'enfer des chrétiens.

(1) Voir : *Iconographie chrétienne* de Didron, page 248.

assis les douze apôtres qui tous portent sur leurs genoux le livre des saintes
Écritures.

Pour faciliter l'analyse détaillée des divers sujets traités par les grands artistes du
XIIᵉ siècle à qui est due cette œuvre magistrale, nous examinerons avec méthode ses
diverses parties, en suivant une à une les frises qui couronnent ce frontispice.

Les deux figures d'apôtres au milieu du linteau.

Analysons d'abord la grande frise qui fait suite au linteau sur lequel sont représentés les douze apôtres.

A gauche, Abraham, Isaac & Jacob reçoivent des mains d'un ange, dans des linges
& sous la forme de petits êtres humains, les âmes des prédestinés; à la suite, deux
évêques marchent en tête d'un cortége d'hommes & de femmes.

Sur le retour (planche XLIX), Adam & Ève sont placés de chaque côté de l'arbre
du bien & du mal. Le serpent tenant la pomme dans ses dents la présente à Ève.

A droite, un personnage assis sur le dos d'un homme, accroupi sur ses genoux
& ses mains, détourne la tête; un ange (saint Raphaël?) (1), armé d'un glaive &

(1) *Archéologue chrétien*, par l'abbé Garciso, tome II, page 24.

s'appuyant sur un bâton surmonté d'une boule (*Virga Geometralis?*) (1), défend l'entrée du ciel à ceux qui viennent d'entendre la sentence de réprobation. De la porte du ciel entr'ouverte, on voit apparaître une main qui les écarte. Deux évêques ou abbés vêtus de tuniques & mitrés sont arrêtés à cette porte; ils se cachent le visage avec leur main droite en signe de honte & de désespoir. Entre eux apparaît une tête sur laquelle est peinte une douleur profonde, comme sur celles des trois hommes & des quatre femmes qui suivent ces personnages.

Tournant le dos à cette scène, vingt-six figures, les pieds dans les flammes (2), sont escortées par des diables, qui les maltraitent; elles sont placées sur deux rangs : toutes sont attachées au milieu du corps par une chaîne sortant de la gueule du diable, s'appuyant sur une fourche renversée. Satan les entraîne dans l'enfer.

Examinons maintenant la frise inférieure, & d'abord le chapiteau & la base de la colonne formant linteau. Ce chapiteau se compose de quatre anges; celui de face représente saint Michel appuyé sur un bâton; le fût repose sur quatre figures agenouillées, probablement symbole du triomphe de l'Église sur le paganisme, le mahométisme, le schisme & l'hérésie.

Sur le chapiteau du pied-droit de la grande porte, à gauche, faisant face au chapiteau de cette colonne meneau l'ange Gabriel annonce à la Vierge; puis est représenté le songe de Joseph assis. — L'ange envoyé par Dieu pour lui annoncer la Conception est debout devant lui. — En regardant cette frise de droite à gauche, on remarque les personnages suivants, tournant le dos aux scènes de l'Annonciation : — trois soldats, vêtus de cottes de mailles, tenant d'une main un glaive incliné sur l'épaule & de l'autre son fourreau, sont placés auprès d'Hérode. — Ce prince est assis sur un trône; ses deux mains s'appuient sur une épée posée horizontalement sur ses genoux; derrière lui se tient un garde debout. — Les trois rois mages, portant leurs présents, s'avancent vers Hérode (Planche L). — Puis on les voit à cheval, tenant leurs offrandes élevées dans leur main droite, se diriger en sens contraire. — Derrière les chapiteaux des colonnes, on aperçoit encore des soldats costumés comme les gardes d'Hérode, & le massacre des innocents. — A la suite : la Vierge tenant l'enfant Jésus est montée sur l'âne; — elle se dirige vers l'Égypte, représentée par une forêt de palmiers; Joseph, précédé par l'ange, l'accompagne.

Suivons le même ordre pour analyser, de droite à gauche, les sujets de la même frise du côté droit. — Sur le chapiteau du pilastre du pied-droit le sculpteur a représenté, sur la face en retour, le baptême par immersion de l'enfant Dieu, une colombe planant sur sa tête; un homme & une femme sont de chaque côté de la cuve. — Sur la partie en façade la Vierge est couchée dans un lit; au-dessus de ses pieds est un berceau contenant l'enfant; saint Joseph est assis auprès d'elle. — Sur la frise se présentent les diverses scènes, que voici : La Vierge assise sur un trône en forme d'X

---

(1) Voir *Manuel d'iconographie chrétienne, grecque & latine*, Didron, page 248.
(2) On voit encore les traces de coloration de ces flammes.

porte l'enfant sur ses genoux; il tient de la main gauche une boule & bénit de la droite. — Sous trois arcatures sont placés chacun des trois mages, ayant mis pied à terre & s'avançant pour offrir leurs présents & l'hommage de leur adoration. — Sous une quatrième arcature, sont groupées les têtes de leurs trois chevaux. — Un de ces animaux est agenouillé. — Sur le retour de cette frise en façade, sous une autre arcade, est un lit où reposent ces trois personnages. — L'ange vient leur annoncer la naissance de Jésus-Christ; — puis s'avancent les bergers, leurs moutons, un chien, un cheval & un taureau.

Les deux grands motifs latéraux de cette façade représentent sur leurs retours : à gauche, la Psychostasie; l'archange saint Michel faisant le pèsement des âmes, sous la forme de figurines humaines; — l'une trouvée bonne se lève & va rejoindre les élus; les deux autres sont encore dans l'autre plateau de la balance; — à droite, un démon gigantesque tenant de chaque côté un homme renversé; entre ses jambes écartées est représentée une femme assise sur une sorte de dragon. — Est-ce l'image de l'impudicité?

Voici maintenant l'ordre des statues qui ornent ce portail :

Sur le retour à gauche sont posés debout entre des pilastres, saint Pierre — saint Jean — saint Trophime — saint Jacques-le-Mineur — saint Barthélemy.

— Sur la droite saint Paul — saint André? en pendant à la statue de saint Trophime, un grand bas-relief représentant le martyre de saint Étienne. — A genoux entre deux hommes tenant des pierres dans leurs mains élevées, le Diacre, les mains jointes, regarde le ciel; — son âme sous la forme d'un enfant est enlevée par deux anges vers le Christ qui l'attend pour le récompenser par la couronne du martyre; — à la suite saint Jacques-le-Majeur & après lui saint Philippe.

— Saint Pierre a la barbe et les cheveux frisés : il tient les clefs dans la main droite, & soutient appuyé sur sa poitrine un livre sur lequel on lit : CRIMINIBVS · DEMPTIS · RESERAT · PETRVS · ASTRA · REDEMTIS.

— Saint Jean est imberbe : il tient également un livre & montre du médium de la main droite l'inscription suivante :

XPI · DILECTVS · IOES · EST · SECTVS.

— Saint Trophime bénit de la main droite & porte sa crosse de la main gauche; deux anges soutiennent sa mitre; deux têtes apparaissent derrière ses épaules — sur la bande longitudinale de son pallium, on lit :

CERNITVR EXIMIVS VIR CHRISTI DISCIPVLORVM DE NVMERO TROPHIMVS HIC SEPTVAGINTA DVORVM.

— A la droite de saint Trophime, saint Jacques-le-Mineur portant la barbe & les cheveux bouclés, tient à la main un livre fermé, dont la couverture porte ces mots : SCS · IACOBVS.

— Saint Barthélemy a exactement la même coiffure & la même pose : sur les deux feuilles de son livre ouvert est inscrit son nom : S̄C̄S · BARTOLOMEVS ·

— Saint Philippe & saint Jacques-le-Majeur lui ressemblent comme costume, pose, coiffures & attributs

Figure de saint Barthélemy.

On lit sur leurs livres : S̄C̄S · IACOBVS — S̄C̄S · PHILIPVS —

— Sur l'étole portée en sautoir par saint Étienne est gravée l'inscription suivante (1) :

PRO · XP̄O · STEPH(an)VS · PROTHOMART(y)R · SV(am) · A(n)IMA(m) · POSVIT ·

STEPHANVS · . . . . .(2). . . . . SVAM · PRO · XP̄O. —

— Saint André a la tête d'un vieillard portant la barbe ; sa main droite sur la poitrine, il tient de sa gauche un livre sur lequel sont gravés des caractères mutilés & devenus illisibles. —

— Enfin saint Paul a la tête chauve, il porte la barbe et tient de la main gauche un philactère, rejeté sur ses épaules & sur lequel il montre avec les deux premiers doigts de sa main droite l'inscription suivante :

LEX MOISI CELAT QVOD PAVLI SERMO REVELAT

NVNC DATA GRANA SINA PER EVM SVNT FACTA FARINA.

(1) Millin a pris à tort cette étole pour le fourreau d'une épée.
(2) Mots effacés.

A l'exception de la statue de saint Trophime, toutes ces figures sont nimbées & vêtues d'un amict & d'une tunique.

Il nous reste à décrire les sujets & les allégories représentés au-dessus du soubassement.

D'abord, sur les retours à droite & à gauche, en dessous des statues de saint Pierre, saint Jean, saint Paul & saint André sont sculptés des lions, des bêtes féroces, dévorant des hommes ou des animaux; emblèmes des passions & des vices terrassés par la religion du Christ. — Sous la colonne d'angle, à proximité de la statue de saint Trophime, Samson, placé auprès de Dalila, dort sur les genoux de sa maîtresse, qui lui coupe ses cheveux; sur une autre face, il ouvre avec ses deux mains la gueule du lion. — Du côté droit du portail & en pendant, Daniel, la tête appuyée dans une de ses mains, est assis entre deux lions; sur la face en retour, l'ange précède le prophète Habacuc, portant sur ses épaules deux sacs, contenant la nourriture qu'il porte à Daniel. — Dans les autres colonnes sont représentées des têtes d'animaux monstrueux; un sagittaire, une chèvre & enfin une figure nue, le corps allongé, vêtue d'une peau de taureau & tenant une houlette (..... Caïn sans doute.....) (Planche LIV), recouvre les moulures en retour sous le pèsement des âmes.

Sur les deux parties du soffite du linteau de la porte de ce frontispice (Planche LIII) est gravé en creux un rinceau d'une élégance & d'une finesse d'exécution remarquables.

La corniche moulurée & sculptée du fronton de ce portail repose sur des consoles ornées de têtes d'animaux, de figures d'anges ou de feuillages. (Planches XLIX, XLVII, XLVIII.)

Telle est la description sommaire de cette œuvre importante du XIIe siècle dont M[r]. Viollet-le-Duc résume ainsi le caractère avec l'autorité de son érudition (1) :

« Comme structure, comme profil, & ornementation, cette porte est toute romaine, » grecque-syriaque; comme statuaire, elle est gallo-romaine avec une influence byzantine prononcée. » —

Des sigles nombreux se distinguent sur les appareils de la façade primitive, couronnée sur ses deux pentes de sa nef & de ses bas côtés par une corniche à modillons du XIe siècle, comme celle de Sainte-Croix (3e volume, planche XIII) & qui se retourne sur les murs de la nef. — Un antéfixe (2) est placé sur le sommet de ce pignon & forme la tête de la crète découpée ornant le faîtage de la couverture en dalles de cet édifice. (Planche LI.) Dans l'axe principal, à la hauteur de la pente de la corniche des bas côtés, est ouverte une fenêtre carrée dont le linteau repose sur une colonne formant meneau; elle appartient à la construction primitive, tout aussi bien que les deux baies allongées placées dans l'axe des bas côtés.

La description du clocher sera faite dans le troisième volume avec celle de divers types similaires.

Le cloître de Saint-Trophime est cité à juste titre comme un des plus beaux monu-

(1) *Dictionnaire raisonné d'architecture*, tome VII, page 417.

(2) Nous avons retrouvé cet antéfixe & l'entaille qui le recevait dans les décombres amoncelés dans le clocher.

ments du Midi; son plan est un quadrilatère irrégulier (Planche XLI), deux de ses galeries datent du XIIᵉ siècle; les deux autres appartiennent l'une au XIIIᵉ, & l'autre au XIVᵉ siècle (1).

En se plaçant dans le préau, & en regard du clocher, on a devant soi la galerie principale; elle se compose à l'extérieur de trois travées, séparées par un massif de piliers, dont la partie centrale sur le préau est occupée par un pilastre cannelé & terminé par un beau chapiteau à feuilles d'acanthe. — Tout d'abord, on s'explique difficilement quelle était la destination de ce pilastre & des deux piliers dont il est flanqué; mais la solution du problème est facile, si on se représente la structure des cloîtres de Frigolet & de Montmajour. — Les deux piliers latéraux portaient des arcs surbaissés, qui devaient recevoir le mur & la corniche de la couverture primitive ou projetée; & le pilastre central, la gargouille déversant les eaux du cheneau collecteur. — Ce cheneau, le mur percé de barbacanes & le banc qui lui est adossé sont l'œuvre probable de la continuation de ce cloître au XIIIᵉ siècle.

L'intervalle de chaque travée est rempli par quatres arcatures soutenues par des colonnes géminées. Ainsi que l'indique l'obliquité des arcs-doubleaux sur le plan général & le plan détaillé (Planche XLVIII), la décoration du mur intérieur faisant face à ces arcatures, n'a aucun rapport symétrique avec cette disposition (Planche XLIV), qui paraît cependant avoir été faite à la même époque. Elle se compose d'une suite d'arcatures dont l'une, plus grande, devait encadrer l'entrée d'une salle capitulaire. Les archivoltes moulurées ou ornées de ces arcatures reposent sur des colonnes cantonnées; le pilastre qui les sépare est cannelé; la sculpture de leurs chapiteaux & tailloirs est d'une très-grande richesse.

Les arcs-doubleaux de profils très-variés (Planche XLI) soutiennent la voûte en berceau surbaissé qui abrite ces galeries & dont nous avons relevé la courbe directrice avec une fidélité scrupuleuse (Planche XLIII). Ces arcs reposent, du côté du mur, sur des consoles représentant soit des feuillages, soit des figures dans les postures les plus bizarres; & du côté du préau, sur des pilastres contre lesquels sont plaquées des statues. Les angles de ce cloître sont également ornés de figures & de bas-reliefs. A l'exception de la décoration en arcatures du mur intérieur, percé seulement par quelques portes, la seconde galerie est d'une ordonnance à peu près semblable. A son extrémité se trouve la margelle bien connue de la citerne : grande base de marbre antique silonnée par le frottement des chaînes du seau, qui prouve la fréquence de son usage. — Les richesses sculpturales de ce cloître seront analysées dans notre troisième volume; nous n'en parlerons donc ici qu'au point de vue de l'iconographie.

En entrant dans ses galeries par la porte de l'escalier les mettant en communication avec l'église, on arrive en face d'un pilier d'angle encadré par de petits pilastres garnis d'arabesques ravissantes (volume 3, planche XVIII). Dans ce pilier sont encastrées trois statuettes représentant saint Jean à droite, saint Trophime au centre & saint Pierre

(1) Cette travée fut construite en 1389, par l'archevêque François de Conzié.

à gauche; entre les deux premières figures, un bas-relief reproduisant : dans sa partie supérieure, les trois saintes femmes emportant leurs aromates, & dans sa partie inférieure les marchands, qui les leur ont vendus; assis devant une table, supportée par trois colonnettes, ils comptent leur argent.

Entre saint Pierre & saint Trophime est représentée une autre scène : La Résurrection. Deux soldats sont endormis près du tombeau — SEPVLCRVM DOMINI. — De son couvercle tombe un pan du linceul; le sépulcre est gardé par deux anges; le Christ s'élève au ciel dans une nuée.

En prenant la galerie à gauche de l'entrée précitée, on remarque dans les chapiteaux des arcatures (1) la résurrection de Lazare — LAZARE. — Le sacrifice d'Abraham; l'ange arrête son bras. — Les Israélites, FILII · HISRAEL, campés dans la plaine de Moab; bénis par Abraham des hauts lieux de Baal. — Le prophète est monté sur son ânesse. — L'ange, armé d'un glaive, défend l'entrée de la tour d'Israël. — On voit ensuite : l'apparition du Seigneur à Abraham dans la vallée de Mambrée; le patriarche porte sur ses épaules à SARA le veau gras destiné au repas de ses hôtes. — Saint Paul, tenant un livre ouvert sur lequel est gravé PAVLVS, prêche dans l'aréopage aux vieillards qui l'entourent.

Trois statues entourent le troisième pilier : saint Jacques, portant sur son livre JACOBVS, et le Christ montrant ses plaies à l'apôtre THOMAS : puis, sur le chapiteau de la septième colonnette : les Israélites gardant leurs troupeaux; Moïse recevant du Seigneur les tables de la loi.

Au pilier d'angle faisant suite, un apôtre debout : saint Jacques? il porte un philactère sur lequel on lit : QVIS SVM VNV..; puis saint Étienne : STEPHANVS est gravé sur le livre qu'il porte; — entre ces deux figures un bas-relief représentant l'Ascension. — Entre saint Étienne & un autre apôtre, tenant d'une main les plis de son amict & de l'autre un livre (saint Mathias peut-être?), est placée la lapidation du saint diacre à genoux; le buste du Christ est dans un nimbe; le Sauveur le bénit & de la main gauche lui montre le ciel. Dans les tympans des arcatures de cette galerie sont figurés les emblèmes symboliques des quatre évangélistes.

Nous venons de voir, représenté sur les chapiteaux de la première travée, l'Ancien Testament. Dans ceux de la galerie est, dans laquelle nous entrons, nous allons suivre les principales scènes de la vie du Christ.

Sa Naissance (planche XLVI), la Purification, la Visitation, l'Annonciation, les anges annonçant aux bergers la naissance de l'enfant Dieu (2). Autour du deuxième pilier sont groupés la flagellation du Christ; Judas sur le côté de cette scène porte la bourse contenant le prix de son infamie; le Christ est attaché à la colonne. Sur les chapiteaux des arcatures de la deuxième travée de cette galerie on distingue : Hérode; le massacre des Innocents; Rachel lève les bras au ciel et pleure ses enfants; le sommeil des trois rois

(1) Consulter : *Études sur Arles*, Estrangin, 1838.
(2) Sur la planche XLVI est figurée une des faces de ce chapiteau.

mages; les rois mages devant Hérode; près d'eux sont attachés leurs trois chevaux, remarquables par leurs selles sarrasines à dossier élevé; l'adoration des mages; la fuite en Égypte.

L'agneau de saint Jean-Baptiste est figuré sur le troisième pilier; à droite & à gauche la reine de Sabba & Salomon peut-être?

Sur les trois chapiteaux de la troisième travée reparaissent encore : l'adoration des mages, leur sommeil, & l'avertissement du ciel; puis la fête des palmes; l'entrée de Jésus à Jérusalem; la conversion de saint Paul, renversé de son cheval; la réunion des apôtres dans le cénacle & la descente du Saint-Esprit.

Saint Mathias, élu dans le cénacle à la place de Judas, est adossé au quatrième pilier : cette statue porte une inscription illisible; le lavement des pieds, la cène, le baiser de Judas & la tentation sur la montagne y sont également représentés; contre ce pilier est adossée une figure soutenant une coquille & la margelle du puits précitée.

C'est là que se voit aussi la statue du pharisien Gamaliel portant un livre, sur lequel est gravé GAMALIEL (1).

Notre cadre nous oblige à borner aux sculptures de ces deux galeries notre description iconographique; mais nous appellerons cependant l'attention du visiteur sur les remarquables sujets figurés sur les chapiteaux de la galerie du couchant, dans laquelle nous n'entrerons que pour pénétrer dans la grande salle des bâtiments claustraux, où se trouvent les peintures murales reproduites dans les planches LXX, LXXI, LXXII, LXXIII, LXXIV & LXXV de notre troisième volume.

Il nous reste à citer les inscriptions les plus importantes de ce cloître; la première placée sur le socle de la statue de saint Trophime :

+ II · KL · OCT · OBIIT · IORDANS · DECANS · SC · TROPHIMI ·

ANNO · DNI · M. C. LXXXVII +

Après ce souvenir donné au doyen Jordanus, lisons l'inscription de Poncius Rebolli, chanoine & OPERARIUS (2) de Saint-Trophime :

VII · KL JANVARII : ANNO DNI : M : C : LXXXIII : OBIIT : PONCIVS : REBOLLI

SACERDOS : ET CANONICUS : REGVLARIS : ET : OPERARI : ECCLESIE SANCTI : TROPHIMI

ORATE : PRO : EO.

Citons parmi d'autres, seulement comme mention, celles de GVILLELMVS CAVALLERIVS; de VILELMVS · DE · MIRAMARIS; de BERTRANDVS · DE · ATHILIANO, & de ROSTAGNUS GANTELMI.

---

(1) *Act. apost.*, cap. V, 34.

(2) Operarius, *Dignitas in collegiis canonicorum & monasteriis cui operibus publicis vacare incumbit;* maître de l'œuvre. — Lexicon manuale ad scriptores mediæ & infimæ latinitatis : ex glossariis Ducange, etc..... par V. H., Maigne d'Arnis, 1858, page 1564.

Plusieurs des profils des portes de ce cloître (planche XI, 3ᵉ volume), sont remarquables. Avant de le quitter, après avoir traversé une cour, arrêtons-nous encore devant l'entrée primitive des bâtiments claustraux de Saint-Trophime : les chapiteaux de ses colonnes cantonnées sont encore en place & soutiennent une archivolte ornée.

Il n'est pas un artiste, qu'il soit archéologue ou simple visiteur, qui n'emporte de ces beaux édifices les impressions les plus profondes & les souvenirs les plus instructifs. En parcourant ces galeries mystérieuses, l'âme se recueille d'elle-même, en se reportant à ces temps passés, où la religion du Christ avait su inspirer aux maîtres ès-pierres & sculpteurs des œuvres aussi variées & aussi saisissantes.

ABBAYE DE SAINT-GILLES (GARD)

Planches LV à LXVII.

Saint Gilles, fondateur de l'abbaye de ce nom, vint de la Grèce, sa patrie, dans le midi de la Gaule vers la fin du vııᵉ siècle, & il y vécut une partie du vıııᵉ jusque vers l'an 720 ou 726 (1).

A peu de distance de la ville du département du Gard qui porte son nom, on montre encore, au milieu du domaine d'Espeiran, les traces de la grotte que la tradi-

Vue de la Baume de Saint-Gilles

tion dit avoir été la demeure d'Egidius, au milieu de la forêt gothique, *la selva Godesca*. Il ne reste aujourd'hui pour attester ce pieux souvenir qu'un massif en

(1) Voir *Notice sur saint Gilles*, par l'abbé Teissonnier. Nîmes 1862.

maçonnerie & quelques blocs de pierre ayant appartenu, comme les petits blocs de mosaïque qu'on y ramasse, à la chapelle bâtie sans doute sur l'habitation du solitaire.

Nous ne rappellerons ici que pour la mentionner, la légende de la biche blessée, poursuivie par Vamba, roi des Visigoths, & qui, venant se réfugier dans cette grotte, fit découvrir la demeure du saint. L'image de cette biche est devenue son attribut distinctif & ce symbole passa plus tard dans les armoiries de la ville de Saint-Gilles.

C'est à la générosité de ce prince qu'est due la fondation du monastère bâti dans la vallée flavienne par Egidius, qui, dans un voyage à Rome, en fit donation au Saint-Siége & en retour obtint du pape Benoît II le privilége de l'exemption (1).

Pendant l'invasion des Sarrasins, les religieux de Saint-Gilles abandonnèrent leur monastère. Le saint, disent les chroniqueurs, se réfugia auprès de Charles Martel. Quelque temps après son retour dans son abbaye vers l'an 726, Egidius mourut laissant son œuvre religieuse en pleine prospérité.

Ménard, d'après un diplôme déposé de son temps aux archives de l'évêché de Nîmes, rapporte qu'en 808, Charlemagne plaça sous la sauvegarde de Chrétien, évêque de ce diocèse, le monastère de Saint-Pierre de la vallée flavienne qui n'était autre que celui d'Egidius.

Louis le Débonnaire, dans un diplôme daté de 814 (2), prit, en mémoire de son père, le monastère de Saint-Gilles sous sa protection directe & lui concéda des priviléges considérables.

En 817, sous le même roi, il fut fait, au concile d'Aix-la-Chapelle, un état des monastères qui étaient assujettis à certains devoirs envers l'Empereur. Parmi 19 autres abbayes du Languedoc qui ne doivent que des prières, on retrouve celle de Saint-Gilles : les autres étaient assujetties à payer un tribut en argent & à fournir des hommes.

Le 11 mai 878, jour de la Pentecôte, le pape Jean VIII fit son entrée à Arles ; il y reçut la visite de Léon, abbé de Saint-Gilles, qui lui porta plainte contre Gilbert, évêque de Nîmes, qui avait envahi son abbaye. Le pape condamna Gilbert, & Léon rentra dans ses droits.

Le 28 juillet 1008, la chronique nous rapporte un don curieux fait par Ermengaud, comte d'Urgel, à l'abbaye de Saint-Gilles, à laquelle il légua son jeu d'échecs.

La piété du roi Robert, qui l'avait engagé en 1019 à faire le pèlerinage de Rome, le porta, quelques années avant sa mort, à visiter les lieux de dévotion les plus célèbres du royaume, & l'abbaye de Saint-Gilles fut de ce nombre.

A la suite du partage des biens de leur maison, par le comte Raymond II & par Guillaume Taillefer, le comté de Nîmes se trouva divisé ; il en résulta que le domaine de Saint-Gilles échut à Pons, fils de ce dernier, qui fut le premier à en prendre le

---

(1) Ménard, *Histoire de la ville de Nîmes* : additions au tome VII, page 719.
(2) Ménard, *Histoire de la ville de Nîmes* : additions au tome I, page 115.

nom, & le 14 septembre 1037 il assigna pour douaire à Majore, sa femme, la moitié de l'abbaye.

Le premier concile tenu à Saint-Gilles eut lieu le 4 septembre 1042; on y traita de la paix de Dieu & de la tranquillité publique.

Raymond, comte de Saint-Gilles, & Almodis, sa mère, donnèrent à saint Hugues, abbé de Cluny, & à ses successeurs l'abbaye de Saint-Gilles. Cette donation, consignée dans un acte des archives de l'abbaye de Cluny, fut passée dans l'église Saint-Baudile, près de Nîmes, en 1066. Il y est dit que ce prince & sa mère se réservent les usages & les coutumes qu'ils avaient sur le domaine de l'abbaye, promettant de ne plus vexer ni l'abbé ni les religieux, & ajoutant qu'ils seraient soumis à l'avenir aux abbés de Cluny, conformément à la règle de Saint-Benoît.

La protection des papes ne fit jamais défaut à ce monastère. Le 22 mars 1074, le pape Grégoire VII écrit à Frotaire, évêque de Nîmes, pour se plaindre de ce qu'il a fait emprisonner l'abbé de Saint-Gilles, à son retour de Rome, où il avait été chercher la bénédiction du pape Alexandre II.

Philippe Ier, roi de France, qui avait demandé en mariage la princesse Emma, fille de Roger, comte de Sicile, chargea Raymond, comte de Toulouse, de la recevoir à Saint-Gilles. Elle arriva dans le port de cette ville avec ses vaisseaux chargés de trésors. Ces richesses furent rapportées à Naples; & cette princesse devint plus tard la femme du comte d'Auvergne.

En 1095, Urbain II, ayant passé les Alpes au mois de juillet, arriva à la fin d'août à Nîmes, & le 1er septembre célébra la fête de saint Gilles dans l'abbaye de ce nom. C'est à la suite de ce voyage qu'il déclara dans une bulle qu'il avait dédié à Dieu un autel de cette nouvelle basilique (*Basilicæ novæ aram*).

Bertrand, comte de Toulouse, se rendit à Saint-Gilles en 1109 pour se mettre à la tête de son armée composée de 4,000 hommes, & les embarqua dans le port de cette ville sur quarante galères qui firent voile vers l'Orient.

Le comte Raymond de Saint-Gilles, sur les représentations d'Urbain II, déclara, devant le pape & devant tous les pairs assemblés, qu'il cédait à l'abbaye de Saint-Gilles tous les droits & usages que lui ou ses prédécesseurs avaient possédés justement ou injustement soit dans la ville de Saint-Gilles, soit dans la vallée flavienne. Cet acte, fait au concile de Nîmes, est daté du 12 juillet 1096; il fut confirmé par le pontife à Villeneuve-lès-Avignon, le 22 du même mois.

Les hospitaliers de Saint-Jean de Jérusalem établirent à Saint-Gilles leur première maison en Occident. Ce fut Bertrand, fils de Raymond IV, comte de Toulouse, qui en fut le fondateur. Il est du moins certain que l'hôpital & le prieuré de Saint-Gilles existaient déjà en 1112, ainsi que le constate une lettre du pape Pascal II, du 15 janvier 1113, qui nomme Gérard instituteur & prieur de l'hôpital de Jérusalem, avec autorité sur sept autres hôpitaux, à la tête desquels figure celui de Saint-Gilles.

Le port de cette ville, alors très-fréquenté par les pèlerins qui allaient à Jérusalem ou en revenaient, engagea sans doute Raymond ou son fils Bertrand, dont on connaît

les exploits & le zèle pour la délivrance de la terre sainte, à fonder cet hospice & à
le confier aux hospitaliers de Saint-Jean.

C'est en 1115 qu'eut lieu à Saint-Gilles le second concile tenu par un légat du
saint-siége, dont le nom nous est demeuré inconnu. On y régla un différend survenu
entre les abbés de Grasse & d'Alet.

Pierre Guillaume, religieux & bibliothécaire de l'abbaye, dans un ouvrage sur les
miracles de saint Gilles dédié à son abbé Hugues, rapporte qu'on jeta les fondements
d'une nouvelle église en 1116. L'affluence des pèlerins devenait telle, que la grande
église ne pouvait plus les contenir. La première pierre fut placée le lundi de l'octave
de Pâques, ainsi que le constate une inscription gravée sur une des assises d'un contre-
fort du bas côté droit de l'édifice.

(AN) NO · DÑI · MCXVI · HOC · TEPLV · (A) EGIDII ÆDIFICARI · CEPIT · M ·
APL · FR II · IN · OCTAB · PASCHE. (1)

Ménard, l'illustre historien de Nîmes, s'appuyant sur d'autres documents, rapporte
qu'à cette époque il y avait trois églises contiguës à Saint-Gilles; à côté de la primitive
église se trouvait celle de Saint-Pierre, dont le chœur, destiné aux religieux, contenait
quatre-vingts stalles & un autre édifice consacré à la Vierge.

Des fouilles, entreprises il y a quelques années dans l'église basse sous notre direction, dégagèrent des murs en grandes assises de pierre de taille, enfouis sous un remblai
ancien, qui appartenaient à un édifice bien antérieur à la construction de cette vaste
crypte; il est difficile de préciser ce qu'était cette construction & à quelle époque elle
remontait. On trouva près de ces murs un beau sarcophage en marbre blanc, représentant le départ & l'adoration des mages, & trois cippes antiques, dont l'un avait dû
servir de pied d'autel. — Mais une découverte des plus intéressantes suivit de près ces
premières recherches. En poursuivant ces déblais, la pioche d'un ouvrier frappa sur une
grande dalle : on la dégagea, & on s'aperçut qu'elle recouvrait un tombeau en calcaire
tendre. Cette sépulture fut ouverte, & sur la face intérieure du couvercle apparut
l'inscription suivante :

IN · H · TML · QI ·

C · B · ÆGD ·

— In hoc tumulo quiescit corpus beati ægidii —

Pas de doute possible : nous venions de découvrir la tombe où fut renfermé le
corps du fondateur de l'abbaye de Saint-Gilles (2). La teneur de cette inscription & la

---

(1) Anno . Domini . M. CXVI. Hoc templum Sancti-Ægidii ædificari . cepit . mense . aprili feria secunda in octaba
pasche.

Note. — Les traits indiquent les séparations de lignes. Le T est accouplé avec l'E dans le mot templum, comme l'H dans le
mot final de pasche. On remarque dans cette inscription trois C carrés, un e lunaire dans cepit & l'i intercalé dans l'N du mot IN.

(2) Voir : 1° Archives des monuments historiques : Monographie de Saint-Gilles, page 5; 2° Revue des sociétés
savantes, 1866, tome IV, 2ᵉ série, page 401; 3° Fouilles archéologiques : Crypte de Saint-Gilles; découverte du tombeau de
saint Gilles. Mémoires de l'académie du Gard, 1867.

forme des caractères qui la composent lui assignent comme date la fin du viiie siècle.

Ces premiers documents historiques succinctement rappelés, revenons à la description du monument dans son ensemble & dans ses détails.

Pour étudier convenablement cet édifice intéressant, il convient de suivre l'ordre dans lequel l'architecte conçoit ordinairement son œuvre. — Commençons donc par le plan; de là nous arriverons à l'ordonnance architecturale considérée dans l'ensemble de l'édifice, & puis à la description des détails intéressants de cet admirable frontispice, que M. Mérimée considérait avec raison, dans ses *Notes d'un voyage dans le midi de la France,* comme le *nec plus ultra* de l'architecture du xiie siècle.

L'église telle qu'elle est aujourd'hui, parée de sa façade, n'est plus qu'un tronçon de l'édifice primitif, dont les formes, comme plan, sont demeurées intactes; mais en élévation, tout a été bouleversé, il ne reste que la sacristie actuelle, qui offre encore un spécimen complet des bas côtés.

Des recherches faites sous la direction d'un habile architecte (1) qui a restauré également la façade, ont mis à découvert tout le chœur jusqu'à une profondeur moyenne de deux mètres. Il devient donc possible aujourd'hui de retracer complétement le plan un grandiose de ce monument.

L'église supérieure se divise en trois nefs (planche LV) auxquelles donnent accès les trois portes de la façade principale. Ces nefs sont partagées par six travées qui précèdent les transsepts percés tous les deux de deux portes latérales. Une autre travée sépare les transsepts, du sanctuaire proprement dit. Les bas côtés se prolongent en contournant cette abside de forme circulaire & percée de sept arcades.

A l'entrée de ce pourtour, à droite & à gauche, sont placées deux chapelles terminées par de petites absides faisant face à l'axe transversal de l'édifice : a la suite rayonnent cinq chapelles circulaires.

C'est à l'entrée du bas côté gauche pourtournant le sanctuaire qu'est adossé le fameux escalier connu sous le nom de *Vis de Saint-Gilles :* on y arrivait par un escabeau appliqué contre un balcon porté par deux consoles. Un autre escalier presque semblable, bâti dans le massif de la façade du transsept gauche & prenant naissance sur la toiture des bas côtés, conduisait à celle de la grande nef. Telle est la description exacte du plan de l'église supérieure.

Dans la troisième travée du bas côté gauche est placé un escalier qui conduit à la crypte. Cette église souterraine (planche LVI) se compose également d'une nef & de deux bas côtés. La nef & le bas côté droit sont divisés en six travées à partir de la façade de l'église supérieure, tandis que le bas côté gauche n'a que deux travées depuis cette façade jusques à l'escalier. Le fond carré de la crypte est revêtu d'appareils plaqués contre le rocher sur lequel elle repose, & cet obstacle naturel explique comment cette crypte n'a pas été complétée dans les formes de l'église supérieure. Les piliers bas &

---

(1) M. Questel, architecte des monuments historiques, aujourd'hui architecte des palais de Versailles & inspecteur général des bâtiments civils, à qui le midi de la France doit les plus belles restaurations de ses édifices antiques & du moyen âge.

massifs sont carrés : sur les angles de quelques-uns est appliqué un pilastre : ou bien l'angle est abattu, & cette face, ainsi obtenue, est sillonnée par des cannelures : les chapiteaux de ces piliers se composent de simples moulures. Toutes les voûtes de cette crypte sont surbaissées; de fortes nervures taillées en dents de scie ou garnies de glyphes ondulés forment leurs arêtiers (planche LVII).

On voit au commencement de la cinquième travée du bas côté droit un autre escalier qui conduisait également dans la grande nef & dont la construction paraît remonter au milieu du XIIᵉ siècle. L'intervalle entre le troisième & le quatrième pilier du côté droit est occupé par le tombeau où avait été enterré, dit-on, Pierre de Castelnau.

Raymond VI, en s'échappant par la crypte après sa pénitence, ne put descendre, pour passer devant la tombe de sa victime, qu'en passant par cet escalier dont l'issue dans l'église haute est aujourd'hui bouchée par de gros blocs de pierre. Presque toutes les cryptes avaient deux escaliers, destinés à faciliter les processions qui circulaient fréquemment dans ces monuments souterrains.

Sur la face opposée de la même travée ont été pratiqués deux petits enfoncements destinés sans doute à renfermer le trésor.

Le fond de la nef était orné de peintures de la fin du XIIᵉ siècle; il ne reste plus aujourd'hui que de faibles traces de cette décoration.

Cette crypte est éclairée par dix fenêtres, percées en pénétration dans le bas côté droit lors de la construction de l'église haute. Ces baies, vrais chefs-d'œuvre de coupe de pierre, peuvent être citées comme un exemple de la perfection de cet art à cette époque.

Par une ouverture placée à l'extrémité du bas côté droit, on arrive jusques au mur de la façade, où sont incrustées diverses inscriptions funéraires (1).

Par une petite porte pratiquée dans le milieu de la troisième travée du bas côté

(1) Voici ces inscriptions :

+ HIC : SEPVLTVS
EST : CAVSITVS
ANN : DNI · M · C · XLII
ORATE · PRO · EO ·

+ HIC · JACET · HVBI
LOTVS · Q · OT · V :
IDVS · OCTOB ·

+ HIC · JACET · FROTA
RDVS · Q · OBIIT
XVII · KL · SEPTR ·

+ HC · SEPVLTVS :
EST · GILIVS · AN ·
DNI · M : C : XLIII
ORATE · PRO · EO ·

+ HIC · JACET
PETR⁵ · D · BOZET

droit on entre dans le cloître, partie toute ruinée de cette belle abbaye. Que de restes précieux doivent être encore enfouis dans ce remblai de deux mètres de hauteur, recouvrant le sol primitif ! Il y aurait un grand intérêt à pouvoir réunir les éléments nécessaires pour rattacher au plan de l'Église de Saint-Gilles celui du cloître important qui était annexé à la crypte.

Autour de ce cloître, dont il ne reste plus que quelques arcatures, une colonne engagée, une console & un chapiteau, étaient rangées, suivant la coutume, de nombreuses

Porte de l'église basse s'ouvrant sur le cloître.

sépultures. On voit encore incrusté dans le mur faisant face à l'église un sarcophage vide & mutilé, supporté par deux consoles, à une hauteur d'un mètre cinquante centimètres environ du sol du préau.

Quelques constructions de l'ancienne abbaye sont adossées à ce cloître, & le plan général au niveau de la crypte (planche LVI) indique la forme d'une grande salle voûtée parfaitement conservée, qui devait servir de réfectoire. Les modifications subies à diverses époques par ces bâtiments claustraux ne permettent plus aujourd'hui d'en reconstituer le plan primitif d'une manière certaine.

Rentrons maintenant dans l'église haute : sur les piliers carrés de sa nef se détachent des colonnes engagées aux deux tiers. Les moulures de la base presque corinthienne de ces colonnes contournent ces piliers & se profilent tout autour de ces murs intérieurs; il en est de même pour ceux engagés des bas côtés. Les nefs latérales étaient éclairées par des fenêtres demi-circulaires, longues & étroites. Une travée du bas côté gauche, aujourd'hui transformée en sacristie, d'une conservation presque complète, ayant encore ses chapiteaux, ses arcs-doubleaux & sa voûte d'arête, fournit, avec les restes groupés autour de la *vis Saint-Gilles*, des éléments précieux pour rétablir l'ordonnance architecturale de la partie antérieure de cet édifice.

La nef actuelle, au contraire, reconstruite en 1650, d'une forme bâtarde & sans style aucun, donne une idée fausse de la structure du monument & surtout de la hauteur des bas côtés. Ses magnifiques chapiteaux à feuilles & à figures (planche LXIII) furent reposés à deux mètres vingt-cinq centimètres, en contre-bas de la place qu'ils occupaient avant leur démolition, & on leur fit supporter ces arcades, formées par des ogives surbaissées, en désaccord avec ces élégantes sculptures, dues au ciseau des plus habiles artistes du XII⁰ siècle.

Par une porte placée à la sixième travée de la nef latérale droite, on sort de l'église actuelle pour arriver dans les ruines de l'ancien chœur. Tout d'abord les constructions pittoresques, dans lesquelles est renfermée la *vis Saint-Gilles*, se présentent aux regards du visiteur. On examine avec intérêt un bel oculus largement évasé à l'extérieur & à l'intérieur; le bandeau de cet oculus, composé de claveaux en pierres alternativement blanches & jaunes, est décoré de moulures enrichies d'oves & de denticules. Au-dessus de cette ouverture on voit les traces d'une double arcature, supportée par des pilastres s'appuyant sur le cordon orné qui se contre-profile avec les chapiteaux des bas côtés. A l'aplomb de ces pilastres se trouvent deux consoles sculptées qui les supportent. Au-dessus de ces arcatures on aperçoit le contour de la pénétration de la voûte; de l'angle du pilier engagé, parfaitement conservé, s'élancent les premières assises d'un arêtier orné de glyphes & d'un arc-doubleau, reposant sur un beau chapiteau, qui représente une figure d'ange aux ailes déployées.

La *vis Saint-Gilles* (planche LXII), depuis longtemps le but de pèlerinage de tous les compagnons tailleurs de pierre, est un des plus riches spécimens de la connaissance du trait au XII⁰ siècle. Rondelet, dans son *Art de bâtir* (1), définit ainsi cet ouvrage remarquable :

« Cette vis est une espèce de voûte annulaire transparente, disposée pour soutenir « les marches d'un escalier tournant autour d'un noyau plein ou évidé. Le nom par lequel « on le désigne lui vient de ce que la première voûte de ce genre, exécutée en pierre de « taille, a été faite au prieuré de Saint-Gilles, à quatre lieues de Nîmes, département du « Gard. Le trait de cette voûte passe pour un des plus difficiles de la coupe des pierres, « parce que toutes les surfaces des voussoirs sont gauches & les arêtes à double cour- « bure. »

Pénétrons maintenant dans la première chapelle absidale à gauche. On distingue, au milieu de la partie de voûte conservée, des trous usés par le frottement des cordes qui servaient aux sonneries. C'est, en effet, sur le massif adossé à la *vis Saint-Gilles* & sur celui de cette chapelle que devait reposer le grand clocher, dont il est souvent question dans les documents historiques relatifs à cette abbaye.

Une partie circulaire des fondations, placée symétriquement par rapport à cet escalier, ferait supposer qu'un clocher pareil devait exister vis-à-vis celui-ci. Les restes importants de la *vis Saint-Gilles* ne durent leur conservation qu'à l'intérêt de cette

(1) Tome II, page 208.

construction classique, citée par les corporations ouvrières comme un chef-d'œuvre que tout maître ès pierres doit connaître (1).

En suivant le pourtour du sanctuaire, on retrouve encore la continuation des moulures de la nef, ceinturant les cinq chapelles absidales.

Sur les trois ou quatre rangs d'assises conservées au-dessus de cette base sont gravées de distance en distance quelques marques de tâcherons.

Entre ces diverses chapelles sont engagées aux deux tiers des colonnes qui correspondent à celles des piliers cantonnés de l'abside.

En sortant de ce pourtour absidal, on passe devant la porte du transsept droit. C'est la partie la moins accusée du plan de cette église. La porte en face, élevée de quelques assises, présente au contraire des formes suffisamment conservées. Trois archivoltes accolées & assurément ornées de moulures sculptées, devaient reposer sur les pieds-droits lisses qui forment cette entrée. Deux petits avant-corps intérieurs, engagés dans le tableau de cette porte, supportaient ou des lions ou des colonnes. Ces pieds-droits & ces deux socles reposent sur une base moulurée qui se contre-profile sur leurs contours. Du seuil de cette porte au sol de l'église, on devait descendre plusieurs marches pour franchir la banquette qui règne d'un pilastre engagé à l'autre, & forme le socle intérieur de tout l'édifice.

En tournant le dos à l'abside, on voit également la silhouette complète de la travée

Vue de l'abside & de la sacristie actuelle de Saint-Gilles.

du bas côté gauche, dont on a fait la sacristie de l'église actuelle. Un des piliers du transsept, formant un angle de cette construction parasite, donne en partie l'ordonnance architecturale des deux transsepts avec la grande nef. Chacune des faces de ces piliers

(1) Ces considérations déterminèrent M. Duvernet, maire de Saint-Gilles, à présenter, le 16 août 1791, une requête à son conseil municipal pour l'engager à demander que ces ruines précieuses ne fussent pas comprises dans la vente des biens nationaux. Cette assemblée chargea à l'unanimité son premier magistrat de poursuivre cette affaire auprès du gouvernement.

est flanquée, du côté de la nef & du côté du transsept, d'une colonne dont le chapiteau (1) s'arrête au niveau de ceux des bas côtés. Ces colonnes sont surmontées de fûts de pareil diamètre, dont la démolition a été arrêtée à une hauteur de seize mètres environ au-dessus du sol. Dans le mur de cette sacristie, séparant la nef du bas côté, est engagée la moitié d'une archivolte des arcades de cette nef.

Tels sont les seuls restes qui peuvent indiquer la restauration de cette partie de l'église de Saint-Gilles.

Au-dessus du soubassement de l'abside, plus élevé que celui du reste de l'édifice, s'élèvent les deux premières assises des piliers cantonnés & des colonnes accouplées qui forment les sept arcades du sanctuaire. Ces ouvertures devaient être réunies par une clôture basse en pierre, soit pleine, soit à jour, s'emboîtant dans un petit socle autour duquel profilent les moulures des bases. Comment expliquer autrement la présence de la rainure circulaire taillée au milieu de ce socle ?

Toutes les bases des colonnes de l'église de Saint-Gilles sont garnies de griffes d'angle ; les unes représentent des têtes, les autres des feuilles ou des rosaces. La plus curieuse d'un travail charmant représente une figurine couchée & qui a la jambe prise dans le joint d'une moulure ; souvenir peut-être d'un accident arrivé pendant le cours de la construction.

M. Viollet-le-Duc, dans son *Dictionnaire raisonné d'Architecture* (2), signale la tradition romaine conservant encore toute son influence dans la base presque ionique de l'abside de Saint-Gilles.

Cette abside sert aujourd'hui de musée. Au milieu des riches fragments qui s'y trouvent réunis, on remarque un bas-relief brisé, représentant la partie inférieure d'une grande figure assise, ayant à sa droite un personnage agenouillé ; ce doit être, à en juger par sa dimension, une portion de tympan des portes des transsepts ; des claveaux d'arcs-doubleaux ornés de moulures & d'oves ; de grands chapiteaux à personnages ; une des grandes clefs de la voûte de la nef sur laquelle est sculpté le buste d'un christ, & qui porte encore des traces de peinture ; des têtes de lion, des consoles & des linteaux brisés des portes latérales ; objets précieux & intéressants, qui ont été trouvés dans les fouilles précitées. Quelques-uns proviennent aussi de démolitions effectuées dans la ville ; plusieurs maisons, aux époques des guerres religieuses, furent construites avec des matériaux enlevés à ce monument.

« C'est sur la façade de cette église, dit M. Mérimée, que s'est épuisé tout le caprice,
« tout le luxe de cette ornementation byzantine. Elle se présente comme un immense
« bas-relief de marbre & de pierre où le fond disparaît sous la multiplicité des détails; il
« semble qu'on ait pris à tâche de ne pas y laisser une seule partie lisse : colonnes, statues,
« frises sculptées, rinceaux, motifs empruntés au règne végétal & animal, tout cela s'en-
« tasse, se confond; des débris de cette façade on pourrait décorer des édifices somptueux.

---

(1) Ces deux chapiteaux, ainsi que la corniche qui les réunit, sont du xiv° siècle : ce qui indiquerait qu'à cette époque on acheva la sculpture de quelques parties de ce monument.

(2) Tome II, page 141.

« Devant tant de richesses prodiguées avec une profusion inouïe, le spectateur ébloui
« d'abord, attiré de tous les côtés à la fois, & ne sachant où arrêter ses regards, a peine à
« reconnaître des formes générales. »

On ne saurait mieux exprimer l'impression que produit au premier aspect le riche
frontispice que nous allons essayer de décrire (planches LIX, LX, LXI).

Encadrée dans deux petites tourelles qui conduisaient sur les bas côtés, cette façade
s'arrête par une ligne droite au-dessus de l'archivolte de la porte principale. Toute l'église
de Saint-Gilles est construite en pierre de Beaucaire, à l'exception des placages sculptés
de la façade, d'une partie des soubassements, des avant-corps des frises, des statues & des
tympans, qui sont en pierre des carrières de Barutel (près Nîmes); quelques bases
sont en marbre. Les fûts des colonnes sont également en marbre ou en granit : deux
d'entre eux seulement, dont l'un est cannelé, sont en pierre tendre.

La façade de l'église de Saint-Gilles est percée de trois portes, surmontées chacune d'un
tympan & d'archivoltes, dont les premières moulures sont enrichies de perles & d'oves.
L'archivolte de la porte principale repose à droite & à gauche sur une corniche ornée de
feuilles & supportée de chaque côté par quatre consoles. Ces huit consoles sont ornées
de têtes de lion, de bélier, d'aigle (planche LXVI), d'une grande feuille & de figures
d'anges.

Un pilastre cannelé, avec base & chapiteau à simple moulure, partage en deux
l'entrée principale, comme à Saint-Trophime & à bien d'autres édifices de cette
époque. Un grand linteau sculpté, portant le tympan, repose sur ce pilastre &, à ses
extrémités, sur deux pilastres pareillement cannelés, l'un couronné par un taureau ailé,
l'autre par un aigle; tous deux formant console. A la hauteur de ce linteau, de chaque
côté, règne une frise ornée de bas-reliefs. Elle s'arrête aux archivoltes des portes latérales & sur l'aplomb de la corniche à corbeaux sculptés, dont nous venons de parler.
Cette frise à droite & à gauche est supportée, en retour, par une contre-frise à rinceaux,
placée elle-même sur deux figures reposant sur des lions qui dévorent des corps humains
ou des animaux; sur la face principale, cette frise s'appuie sur un pilastre orné des plus
ravissantes arabesques (planche LXV), & vers son extrémité, sur une colonne à l'aplomb
de la saillie. Deux colonnes accouplées forment, de
chaque côté, un avant-corps assez saillant (planche
LXVII) posé sur un piédestal dont les moulures se
profilent avec le socle principal (1). Entre les colonnes
& en arrière-corps, dans des niches séparées par des
pilastres cannelés, sont placées quatre grandes statues
de mêmes dimensions que celles de l'embrasure de la

Type des feuilles ornant la corniche du socle.

grande porte. Ces statues reposent sur un double socle; une frise à rinceaux règne au-

---

(1) On suppose, dit M. Mérimée, que ces colonnes isolées étaient destinées à rappeler celles qui se trouvaient ainsi
disposées au temple de Jérusalem. Plusieurs anciennes églises attestent la généralité de cet usage. Celles de Saint-Pierre, à
Vienne, en sont un exemple.

dessus de ces niches. Le grand soffite, formé par la saillie de la grande frise à sujets & à personnages, est orné de rosaces dans des caissons.

Chaque entrée latérale est entourée d'une décoration uniforme, & surmontée d'une archivolte divisée en deux parties principales; la première, plus en retraite que l'autre, entoure le tympan & s'assoit sur le retour d'une nouvelle frise sculptée, qui forme continuation du linteau. Deux colonnes engagées supportent cette frise; la seconde partie de cette archivolte retombe sur deux colonnes qui viennent s'aligner sur l'aplomb de la grande frise.

Dans chaque angle de la façade une statue, de même dimension que les précédentes, enchâssée dans une niche, repose sur le double socle qui se continue à la même hauteur.

Telle est l'ordonnance architecturale de cette façade; il nous reste à retracer fidèlement la description, jusqu'ici incomplète, des sujets dont elle est décorée & des sculptures élégantes qui l'enrichissent.

Le tympan de la porte de gauche représente la Vierge-mère assise sur un trône, portant son fils, bénissant les trois rois mages qui lui offrent leurs présents. Dans l'extrémité à droite, l'ange apparaît à saint Joseph assis sur une sorte d'escabeau. Ce tympan est la seule partie de la façade portant des traces évidentes de peinture.

Celui de la porte principale représente, au milieu d'un nimbe elliptique, le Christ glorifié, assis sur l'arc-en-ciel au milieu de nuages; un nimbe à rayons droits & *flambelliformes* est placé derrière sa tête; les angles de ce tympan sont garnis par l'ange et les trois animaux symboliques de l'Évangile.

Ce bas-relief, d'une exécution bien médiocre, semble appartenir à une époque du moyen âge plus rapprochée de nous. Le cloître de Saint-Trophime nous offre un exemple de ces sortes de restaurations, confiées à des ouvriers inhabiles.

Le tympan de la porte à droite représente Jésus crucifié; Jean & Marie se tiennent au pied de la croix. A côté de Marie-Madeleine on distingue une figure de femme richement vêtue; près d'elle, deux autres figures, dont l'une est à genoux, la contemplent en levant les bras au ciel en signe d'admiration & de réjouissance. C'est la religion du Christ qu'elles saluent. A côté de Jean un ange renverse une femme enveloppée dans les plis d'un long manteau; la couronne qu'elle portait sur la tête lui échappe; c'est l'ancienne synagogue dont le règne vient de finir.

Pour suivre un ordre qui nous permette de ne rien oublier, revenons au portail de gauche, & examinons l'un après l'autre les sujets divers de cette belle frise qui règne sur tout l'édifice.

Comme nous venons de le voir, le bas-relief du tympan de la porte latérale se rapporte à la naissance du Christ; le premier sujet de la frise nous montre successivement Jésus enseignant à ses disciples; l'un d'eux détache l'ânesse sur laquelle le maître va monter pour entrer à Jérusalem; l'autre jette sur le dos du paisible animal son vêtement. Treize disciples (particularité singulière) accompagnent leur divin maître qui est monté sur l'ânesse suivie de son ânon. Au-devant de Jésus s'avancent deux personnages; l'un jette des branches, l'autre étend des étoffes sur son passage. Derrière eux, on distingue deux palmiers sur lesquels sont montés deux autres personnages. La ville sainte est représentée par une enceinte crénelée entre deux tourelles (planche LXIV). Au milieu s'élève la coupole du temple de Salomon; derrière cette enceinte crénelée, trois figures regardent l'entrée de ce cortége; sur le retour de cette frise, un enfant, curieux d'admirer ce beau spectacle, monte sur un palmier; au pied de cet arbre sont groupés d'autres spectateurs. Le sculpteur, par les expressions diverses de ces figures, a voulu rappeler l'enthousiasme de cette entrée solennelle & touchante, dont l'Évangile nous donne l'intéressant récit.

Voici maintenant l'explication de la frise principale : à gauche, sur de grandes cannelures, se détachent les figures des bas-reliefs qui la composent. On reconnaît d'abord les adieux de l'enfant prodigue; puis, séparée par un petit intervalle, la scène où il vient demander à son père sa part légitime; le père est assis & de sa main tombent trois pièces qu'il donne à son fils en présence de trois assistants. Un monument élevé sépare le sujet suivant; c'est la représentation du temple. A la suite, le Christ armé de verges chasse de ce lieu sacré les vendeurs qui s'enfuient emportant leurs bourses & poussant devant eux leurs bœufs & leurs moutons. Cette composition est remarquable par son mouvement & par un faire peut-être plus habile que dans les autres parties de cette frise.

Vient ensuite Jésus à qui Marie demande la résurrection de Lazare. Le Christ accomplit cet éclatant miracle, & Lazare, enveloppé d'un linceul attaché à la tête, sort de son tombeau. L'artiste a voulu indiquer ici sans doute, en marquant d'une croix le couvercle de son sarcophage, que Lazare compta parmi les premiers chrétiens. Cette première portion de cette grande frise a échappé presque entièrement aux mutilations qui ont dégradé à peu près toutes les autres figures.

Nous approchons des derniers moments de la vie de Jésus. Les disciples l'entourent; auprès de lui est placé Pierre. Le coq est aux pieds de l'apôtre à qui le maître prédit sa renonciation. A la suite, Jésus lave les pieds à ses disciples; c'est le commencement du grand linteau de la façade principale. Le voilà maintenant assis au milieu d'eux au divin banquet de la Cène. Au retour de la frise, saint Pierre, d'un coup d'épée, tranche l'oreille de Malchus. Puis Jésus est trahi par Judas, qui lui donne le baiser des traîtres. Les soldats entraînent le Christ & le conduisent devant Hérode; Jésus attaché à la colonne est flagellé par deux bourreaux; après ce cruel supplice, suivi de trois personnages, il porte sa croix. Là finit la frise principale, dont les trois derniers sujets sont malheureusement très-dégradés; on les reconnaît sans peine cependant.

La mort de Jésus-Christ remplit le tympan du portail à droite; c'est le sujet principal, autour duquel vont se grouper les épisodes qui s'y rattachent. Comme au portail gauche, la frise reparaît ensuite. Elle commence sur le retour par le conseil des pharisiens envieux; puis est représenté un groupe de deux personnages dont l'un est évidemment Jésus-Christ tenant un roseau en face du juge qui lève la main, & semble dire avec Pilate : « Êtes-vous le Roi des Juifs? » Après cela on voit la scène touchante de

Madeleine essuyant les pieds du Christ avec ses cheveux; Jésus-Christ est entouré de ses disciples, il semble dire à Simon, le pharisien : « Beaucoup de péchés lui seront pardonnés parce qu'elle a beaucoup aimé. » En suivant, sur le linteau de la porte, sont figurées les saintes femmes venant acheter des aromates. Deux marchands sont assis devant leurs crédences; chacune des saintes femmes porte un vase pour recevoir sa part que l'un des deux marchands pèse dans une balance. Ce sujet est rarement reproduit à cette époque. L'ancienne cathédrale de la ville de Beaucaire possédait cependant un bas-relief tout à fait semblable; il est incrusté aujourd'hui dans le mur extérieur du transsept droit de son église moderne.

Puis les saintes femmes s'approchent du tombeau, entouré de trois soldats endormis. L'ange assis veille auprès du sépulcre entr'ouvert tenant une épée dans sa main droite, & leur montre le ciel de sa main gauche, comme pour leur dire : « Jésus est ressuscité. » Le dernier tableau de cette histoire, si naïvement reproduite, représente les saintes femmes allant annoncer cette nouvelle aux apôtres, en leur indiquant aussi le ciel, où Jésus est monté.

Remarquons en passant que la grande frise repose tout entière sur une sorte d'abaque se prolongeant d'un chapiteau à l'autre de chaque colonne & garni de bêtes féroces (planche LXIV), de chimères à la tête basse, à la figure hideuse : emblèmes évidents des passions & de la méchanceté de l'homme, dont tous ces tableaux retracent les cruelles actions.

Un sujet non moins important à étudier dans cette description est celui qui a rapport aux grandes figures, qui concourent si puissamment à la décoration de cette façade. Dans la partie du milieu douze statues, la tête nimbée & les pieds nus, représentent les douze apôtres : huit sont parfaitement reconnaissables aux attributs qui les accompagnent & aux textes du Nouveau Testament gravés sur leurs livres & sur leurs philactères.

Entre la porte gauche & le grand portail, le premier personnage à gauche est saint Jude, surnommé Thadée (le Zélé) ou Lebbée (le Lion ou le Courageux), frère de saint Jacques le Mineur, de Josès, de Simon, de Salomé, & fils d'Alphée ou Cléopas, & d'une autre Marie, tante de la sainte Vierge, selon quelques écrivains; sa sœur selon d'autres à la suite de saint Jérôme. — Jude était donc cousin de Jésus, — c'est pour cela qu'on le désigne souvent dans l'Évangile en le nommant son frère, conformément à l'usage reçu chez les Juifs comme chez les Grecs, les Romains & presque tous les anciens peuples. Il tient un livre sur lequel est gravé le dernier verset de son épître : [SOLI DEO SALVA-TORI] NOSTRO PER [JESUM CHRISTUM DOMI] NUM NOSTRUM GLORIA].

Il ne reste plus sur le livre que six lettres; elles nous ont servi à rétablir l'inscription précédente.

Saint Barthélemy vient ensuite; il porte une banderole sur laquelle on lit : EGO SUM BART [OLO] MEUS : AP [OSTO]L(U)S] X & ces mots : EVERTIQUE QUASI..... CONVERTI...

Le troisième personnage à la suite est saint Thomas, disant : NISI VIDERO IN MANI-BUS EJUS FIXURAM CLAVORUM ET MITTAM DIGITUM MEUM IN LOCUM CLAVORUM ET MANUM

MEAM IN LATUS EJUS NON CREDAM. Ces paroles tracées sur un livre qu'il porte de la main droite : avec deux doigts de cette main il indique ce texte au lecteur.

Vient ensuite saint Jacques le Mineur parfaitement désigné avec ces titres inscrits dans son nimbe : JACOBUS FRATER DMI EPS (episcopus) IE [R] OSOLIM [Æ]. Saint Jacques le Mineur est le frère de saint Jude; il faut expliquer comme pour le dernier sa qualification de frère de Jésus.

Au retour, en suivant, est placé saint Jean l'Évangéliste, avec les premiers mots de son Évangile : IN PRINCIPIO ERAT VERBUM.

Après lui, à côté du portail, saint Pierre avec ses clefs.

En face du chef des apôtres, à droite, saint Jacques le Majeur, que le sculpteur a cru être l'auteur de l'épître catholique, puisqu'il lui a donné pour texte caractéristique un verset de cette épître : OMNE DATUM OPTIMUM ET DONUM PERFECTUM. Gravé sur le livre qu'il tient autour de son nimbe, on lit : SUR SV(M) EST DESCENDENS A PATRE LUMINE.

A côté de saint Jacques est placé saint Paul indiqué par ce texte de sa première épître aux Corinthiens (XV, 10) : GRATIA DEI SUM ID QUOD SUM.

Les quatre autres, à la suite à droite, qui n'ont ni texte ni attributs, parce que évidemment l'œuvre n'a pas été complétement achevée, ne peuvent être que saint André, saint Matthieu, saint Philippe & saint Simon (le Chananéen).

La figure placée dans la niche, à l'angle de la porte de gauche, représente saint Michel terrassant le démon; en pendant, dans la porte opposée, sont trois personnages aîlés écrasant chacun un monstre. Ce sont sans doute les combats & les triomphes de l'Église personnifiés dans trois anges, refoulant le paganisme, l'hérésie & le mahométisme.

Le nom du sculpteur, à qui est due la statue de saint Jude, est aujourd'hui parfaitement connu; nous l'avons découvert sous une couche de plâtre, gravé dans le mur au-dessus de l'épaule droite du saint : *Brunus me fecit* (1) (planche LXV).

On retrouve au-dessus de la statue de saint Barthélemy, la fin de cette phrase ...E·FECIT, à la même place.

En examinant les six statues placées de ce côté gauche du grand portail, on est frappé de la ressemblance de leur modèle & de leur exécution. Volontiers on attribuerait à maître *Brunus* ces six figures; tout au moins doit-on lui attribuer la seconde qui est signée de la même façon. Celles du côté opposé paraissent mieux traitées & annonceraient un faire plus habile.

Des traces de peinture, qui se voient encore dans quelques plis, dans les lettres & surtout dans le nimbe de la statue de saint Barthélemy, feraient supposer qu'à une époque postérieure, à la fin du XIII° siècle peut-être, ces statues avaient été peintes, ainsi que nous l'avons remarqué sur le tympan de la Vierge.

La façade de l'église de Saint-Gilles repose sur un socle qui est sillonné de canne-

---

(1) Cette découverte est consignée dans la *Monographie de l'église de Saint-Gilles :* mémoire de l'auteur, couronné en 1860 par l'Académie du Gard.

lures. Dans la partie des avant-corps du milieu seulement, ces cannelures sont remplacées par des bas-reliefs d'une sculpture méplate, qui existent encore aujourd'hui sur les deux faces extérieures de ces avant-corps & sur leur retour. On s'est contenté de reproduire le socle avec une face unie dans les portions restaurées.

A droite du grand portail, sur le socle en marbre des bases des colonnes accouplées de l'avant-corps, l'artiste a sculpté David gardant ses troupeaux & jouant de la harpe; un ange lui apparaît. — Le retour parallèle de la façade représente des griffons & des oiseaux. Sur l'autre face, David tue Goliath; l'armure du géant est un curieux spécimen des costumes guerriers du xii⁰ siècle. Au socle des colonnes de gauche, la même main a représenté deux singes liés ensemble par une corde; puis sur le retour, un chameau & un homme couché pressant la patte d'un lion; sur l'autre face, un lion posant sa patte sur une figure d'homme renversé à terre.

Sur ce soubassement, à gauche, deux médaillons en marbre blanc représentent: l'un, Abel offrant à Dieu le plus bel agneau de son troupeau, tandis que Caïn se contente d'offrir une gerbe de blé; entre les deux arcatures qui encadrent ces deux médaillons, se dresse la main de Dieu, sortant d'un nuage & bénissant le sacrifice d'Abel. Abel a suivi le conseil du bon ange qui est placé derrière lui, tandis que Caïn a écouté la voix du génie du mal qui s'est attaché à lui sous la forme d'un dragon. Adossé au pied-droit, à gauche de la porte, le sculpteur a représenté Caïn tenant son frère qu'il a acculé contre un arbre; l'âme d'Abel, sous la forme d'une figurine, monte au ciel; un ange va au-devant d'elle pour lui porter la couronne, symbole de sa récompense; tandis qu'on voit un dragon enfoncer ses griffes dans le corps de Caïn, emblème de la malédiction qui punira son crime. Au côté opposé dans une arcature semblable, on voit Balaam monté sur son ânesse & allant maudire les Hébreux. L'archange Michel apparaît au-devant de lui avec une épée pour l'arrêter. Les autres médaillons sont encadrés dans un cercle garni de perles; le premier représente un centaure poursuivant un cerf: c'est l'emblème de la force brutale; ce cerf remplit le second médaillon. Celui qui suit représente une chimère, symbole de la ruse, & le dernier une lionne allaitant un lionceau.

Les frises à enroulement & tous les motifs d'ornementation des corniches de cet admirable frontispice sont d'une exécution parfaite, & rien n'est ravissant à voir comme les deux pilastres ornés d'arabesques, placés à droite & à gauche (planche LXV), en tête de l'arrière-corps de la façade : oiseaux divers, perroquets, lapins, animaux de toutes espèces, grimpent en courant dans ces rinceaux. Les frises, les cordons à feuillages & à tête de lion sont d'un caractère remarquable & d'une exécution brillante. Parmi les chapiteaux des grandes colonnes, quatre sont antiques comme leurs fûts, & deux sont romans, l'un portant un aigle au milieu de ses quatre faces, & l'autre garni de feuilles avec des têtes en remplacement du fleuron ordinaire. Les chapiteaux des avant-corps comme ceux des portes latérales, composés de feuilles d'acanthe, sont d'un travail remarquable; ils datent également du xii⁰ siècle.

Les bases des colonnes engagées des petites portes sont soutenues par des socles représentant des animaux entrelacés; sur l'une d'elles est figuré un homme assis entre deux ours.

Une particularité remarquable doit fixer ici l'attention du spectateur: les deux grandes colonnes du portail latéral à gauche reposent sur des lions. C'était là, ainsi que l'indiquent

Petite frise de la façade de Saint-Gilles.

certaines chartes, que se rendait la justice : *Inter leones*. Cet exemple se reproduit à Saint-Trophime & aux Saintes-Maries.

En terminant, signalons les *graffiti* intéressants gravés sur deux colonnes par les croisés qui voulurent sans doute tracer avec la pointe de leurs épées un souvenir de leur

Fig. 1. *Graffiti* sur une colonne de la façade de Saint-Gilles.   Fig. 2. Le roi saint Louis. — *Graffiti* sur la façade de Saint-Gilles.

passage. C'est surtout sur la grande colonne, à gauche du petit portail de droite, qu'on retrouve les plus nombreuses traces de ces signes intéressants. Au bas du fût est gravée une grande galère; puis au milieu de ces zigzags de traits en divers sens, on distingue des oiseaux, des paons, des guerriers armés (fig. 1) & une phrase entière assez illisible, à l'exception du mot *de Joinville,* d'une lecture facile. Un peu au-dessus de ces caractères, on aperçoit une petite figure : saint Louis, sans doute (fig. 2). Le roi, vêtu de sa tunique, est coiffé de sa couronne ornée de trois feuilles, & tient une tige de lis à la main. En comparant les tracés de l'album de Villars de Honnecour avec ces *graffiti,* & en observant le costume de ces figures, il est facile, malgré leur imperfection, de leur assigner le xiii* siècle comme époque (1).

Nous croyons utile de consigner à la fin de cette description quelques observations importantes que nous avons faites, en rapprochant dans nos souvenirs l'étude de ce monument de celle d'autres édifices construits à la même époque. L'architecte de l'église haute de Saint–Gilles était assurément un moine de Cluny. Il est probable, en effet, que l'abbé de Cluny ayant des rapports fréquents avec l'abbé de Saint-Gilles, lui envoya un de ses religieux artistes que nous voyons dans l'histoire du moyen âge, dès la fin du xi* siècle, arriver toujours avec sa compagnie d'ouvriers & son contre-maître. Mais toujours est-il certain pour nous qu'il a puisé une partie de la conception de son plan dans la crypte de Montmajour.

Quant à la façade, il est permis de croire qu'elle fut de quelques années la sœur aînée de celle de Saint-Trophime. La même confrérie d'artistes, à quelques années d'intervalle a dû travailler à ces deux frontispices. A en juger par certains ornements de la façade de Saint–Gilles, plus fins & plus corrects, on la croirait de prime abord plus ancienne que celle de la cathédrale d'Arles; le motif général de l'ordonnance de Saint-Trophime, plus restreint, mais plus régulier, plus complet, aurait été emprunté à Saint-Gilles. On voulut corriger sans doute l'irrégularité de la grande façade qui servit de modèle. Mais le tympan du portail de Saint-Trophime est, comme sculpture, un ouvrage bien supérieur à celui des trois portes de Saint-Gilles.

Il n'est pas étonnant de trouver dans la statuaire de ces deux édifices l'influence de la statuaire romaine placée sous les yeux de ceux qui exécutèrent cette partie de leur décoration. Mais lorsqu'on se reporte par la pensée devant la cathédrale de Chartres, dont la grande façade retrace la même ordonnance architecturale, on s'explique difficilement tout d'abord comment les statues de cette cathédrale, exécutées à la même époque que celles de Saint-Gilles & de Saint–Trophime, ont un aspect si différent : c'est qu'elles ont été conçues sous une influence toute autre. A Chartres, en effet, on croirait voir des figures exécutées par des sculpteurs étrusques ou grecs, tant les plis de ces statues allongées sont fins & portent l'empreinte de ce type élégant. Ce serait là matière à toute une dissertation archéologique; contentons-nous d'indiquer l'influence byzantine apportée par les croisés, partis bien plus nombreux des provinces du nord, & ramenant

---

(1) On sait que saint Louis vint deux fois visiter l'église de Saint-Gilles : d'abord à son retour de la première croisade, après avoir débarqué au château d'Hyères, il traversa Beaucaire & se rendit à Saint-Gilles, ainsi que le constate une ordonnance datée de juillet 1254; ensuite, lorsqu'il s'embarqua pour Tunis, en 1270. Guillaume de Nangis (*Gesta sancti Ludovici :* Dom Bouquet, tome XXVI, pages 442 & 443) rapporte qu'il arriva pour célébrer la *Penthecouste;* qu'il y tint cour solennelle de justice & que tout étant prêt pour son départ, il monta sur sa nef le mardi après la fête de saint Pierre & saint Paul, accompagné de ses aimés fils Philippe, Pierre & Jehan...

avec eux des artistes orientaux dont les études s'étaient faites devant la statuaire grecque.

Sans nous arrêter aux discussions diverses que peut engendrer le symbolisme du moyen âge, croyons aux pieuses pensées qui ont constamment présidé aux travaux de ces siècles de foi. Autant il serait absurde de défendre pied à pied l'interprétation particulière de tel ou tel arrangement, autant il serait difficile de ne pas admettre que les artistes de cette époque écrivaient avec la pierre & avec le marbre la vie du Christ & les principes fondamentaux de la religion chrétienne.

L'église de Saint-Gilles peut donc être citée sans contestation en première ligne, sous le rapport du symbolisme. — Examinons son plan : nous trouvons d'abord trois portails sur la façade ; trois reliefs, emblème de la Trinité.

De la nef aux transsepts, six arcades de chaque côté, représentation évidente des douze apôtres.

Entrons dans l'abside : là, comme à la crypte de Montmajour, nous retrouvons dans les cinq arcades le souvenir des cinq plaies du Christ, & dans les sept chapelles du pourtour absidial, les sept sacrements.

Arrêtons-nous encore devant la façade. La pensée de l'artiste devient encore plus incontestable dans cette grande page, où il va représenter les détails les plus importants de la vie du Christ, & auprès de sa croix la religion chrétienne apparaissant pleine de jeunesse & de vie devant la décadence de l'ancienne synagogue. Peut-on nier son intention évidente, lorsqu'il entoure l'entrée principale de l'église, image de la porte du ciel, des douze apôtres qui en ont ouvert le chemin au monde, & ne voyons-nous pas placés aux extrémités de cette phalange sacrée, Michel & les anges terrassant, à la porte du sanctuaire, le dragon infernal, le paganisme, l'hérésie & le mahométisme.

Comme dans tous les monuments de la même ordonnance, l'Église punit les vices, personnifiés par leurs emblèmes qu'elle écrase ou qu'elle anéantit ; mais elle s'appuie sur la prière ; expliquant ainsi cette colonne dont la base représente un solitaire en méditation entre deux ours, pour rappeler les animaux féroces, leur seule compagnie dans le désert ; elle s'appuie aussi sur la force, représentée par le lion.

Nous admettons dans la façade de Saint-Gilles le symbolisme de ce noble animal, comme ayant cette signification, cela n'est pas douteux ; mais ce que nous ne saurions admettre, c'est la discussion que nous avons lue dans l'*Iconographie chrétienne* de M. Crosnier, au sujet du mot : *Inter leones*. Ce savant auteur ne croit pas que certains actes de justice, rendus avec cette formule, puissent donner le droit de conclure que ces lions étaient un symbole d'autorité & de juridiction ; il ajoute qu'on proclamait les actes qui intéressaient toute une commune, sous le portail de son église, parce que ce portail était plus élevé ; qu'au sortir des offices la population se ramassait sur la place, qui précédait ordinairement cet édifice. Selon lui, on a dit : *Inter leones* comme : *sub ulmo*. Nous répondrons en rappelant encore les bas-reliefs de l'église des Saintes-Maries. Dans sa façade latérale, à droite & à gauche d'une porte élevée de trois assises au-dessus du sol, se trouvent deux lions en marbre blanc ; l'un dévore un agneau, l'autre tient un

homme dans ses griffes (1). Ces trois assises datent assurément de la construction première. C'était encore là la place du juge, *Inter leones,* entre ces lions qui servaient si
souvent même aux supports du siége du magistrat. Dans le chœur de la cathédrale d'Aix
sont conservés deux lions qui devaient être placés de la même manière (2). C'est sans doute
aussi parce que le portail à gauche de l'église de Saint-Gilles était particulièrement destiné
à rendre la justice, que l'architecte du monument a fait supporter les deux colonnes de
son entrée par des lions accouplés & couchés; tandis qu'aux deux autres portails, les
bases de ces colonnes n'ont aucune figure analogue. Ainsi donc, si dans toutes les autres
parties de la façade le symbolisme du lion répond à une pensée entièrement religieuse,
il est certain qu'au portail à gauche, il a été spécialement placé pour devenir le symbole
de l'autorité de la juridiction civile.

(1) Voir Ier volume, page 33.
(2) Voir 3e volume : Sculpture.

Sceau des abbés de Saint-Gilles.

FIN DU TOME DEUXIEME.

ARCHITECTURE ROMANE

DU MIDI DE LA FRANCE

DEUXIÈME VOLUME

TABLE DES PLANCHES ET DU TEXTE

(1) C'est par erreur que cette planche porte le numéro LVI.
(2) C'est par erreur que cette porte a été désignée comme l'entrée de la salle capitulaire.

ELEVATION — COTE DU PREAU

COUPE A.B. AU DIXᴹᵉ

COUPE C.D. AU DIXᴹᵉ

Echelle de l'Elevation

PLAN

Echelle du Plan

DETAIL DES ARCS SURBAISSES DU PREAU — AU 20ᵉ D'EXᵀᴵᴼⁿ

H. REVOIL. DEL.   CH. BURY SC.

CLOITRE DE St MICHEL DE FRIGOLET
(BOUCHES-DU-RHÔNE)

A. MOREL. Editeur.   Imp. Lemercier et Cⁱᵉ. Paris.

ELEVATION INTERIEURE D'UNE DES GALERIES DU CLOITRE

Echelle des ensembles.

PLAN DE LA GALERIE CI-DESSUS

DETAIL DES PILIERS INTERIEURS

A 0.15 POUR METRE

H. REVOIL DEL.

A. CHAPPUIS SC.

CLOITRE DE Sᵗ MICHEL DE FRIGOLET

(BOUCHES-DU-RHÔNE)

A. MOREL _ Editeur

Imp. Lemercier et Cⁱᵉ Paris.

FACE INTÉRIEURE DU CLOÎTRE.

PILIER D'ANGLE ET ARCADES.

DÉTAILS DU CLOÎTRE
DE Sᵗ PAUL DE MAUSOLE

Échelle de l'Élévation à 0,05 p⁵ mètre.

Échelle du Plan Général à 0,0025 p⁵ mètre.

PLAN GÉNÉRAL

H. REVOIL, DEL.

A. CHAPPUIS SCULP.

Sᵗ PAUL DE MAUSOLE A Sᵗ REMY

A. MOREL et Cⁱᵉ Éditeurs.

Imp. Lemercier Paris.

ARCHITECTURE ROMANE

II.ᵉ VOL.

GALERIE OCCIDENTALE DU CLOITRE

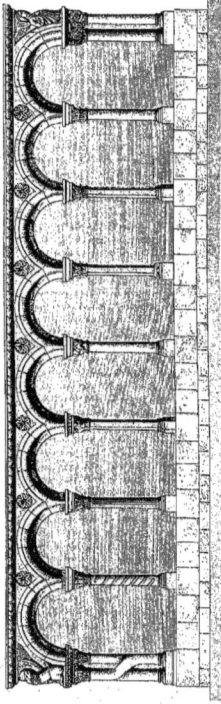

COUPE LONGITUDINALE

PLAN

Échelle de 0 cm por mètre

5 mètres

CLOITRE DE L'ÉGLISE St SAUVEUR D'AIX
(BOUCHES-DU-RHÔNE)

H. NODET. DEL.

CH. BURY. SC.

A. MOREL, éditeur.

Imp. Lemercier et Cⁱᵉ. Paris

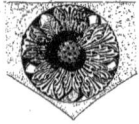

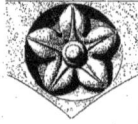

ROSACES DES TYMPANS ENTRE LES ARCATURES

DETAIL DES ANGLES

DE LA TRAVÉE OCCIDENTALE

DU CLOITRE

PROFIL DES ARCATURES
AU 5ᵉ

Echelle de 0.10 pour mètre.

1 Mètre.

H. REVOIL DEL.   FELIX PEHEL SC.

CLOITRE DE L'EGLISE Sᵗ SAUVEUR D'AIX
(BOUCHES-DU-RHÔNE)

A. MOREL, éditeur.   Imp. Lemercier et Cⁱᵉ, Paris.

PILASTRE DE L'ANGLE EST
DU CLOITRE

Echelle de o 10 p.ᵉ mètre

1 mètre

CLOITRE DE L'EGLISE Sᵗ SAUVEUR D'AIX
BOUCHES-DU-RHÔNE

H. REVOIL DEL.

A. MOREL, éditeur.

SELLIER SC

Imp. Lemercier et Cⁱᵉ Paris

DÉTAIL D'UNE ARCATURE

AU 5° DE L. EXÉCUTION

CLOCHER DE L'ÉGLISE ST SAUVEUR D'AIX

(BOUCHES-DU-RHÔNE)

DETAILS DU CLOITRE

ELEVATION SUR LE PREAU (COTE SUD)

PLAN

Echelle de 0.01 p.ᵉ metre.

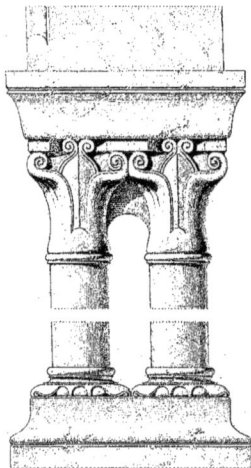

DETAILS DES COLONNES ACCOUPLEES AU 10.ᵉ

G. REVOIL DEL.   J. SULPIS SC.

ABBAYE DE SENANQUE
(VAUCLUSE)

A. MOREL. Editeur.   Imp. Lemercier et C.ᵉ Paris.

FAÇADE DE LA SALLE CAPITULAIRE
DANS LA GALERIE NORD DU CLOITRE

COUPE DE LA GALERIE DU CLOITRE
AU DROIT DE LA SALLE CAPITULAIRE

PLAN DU MUR DE LA FAÇADE CI-DESSUS

Echelle de 0.01 p. metre

DETAILS AU 10ᵉ

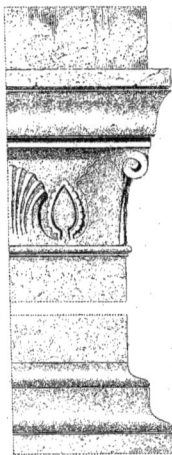

FACE ET PROFIL D'UN CUL DE LAMPE
DE LA SALLE CAPITULAIRE

DETAILS DES PILIERS DU CLOITRE

H. REVOIL DEL.   J. DE CARRON SC.

ABBAYE DE SENANQUE
(VAUCLUSE)

A. MOREL, Editeur   Imp. Lemercier et Cⁱᵉ Paris

PL. X.

1ᵉʳ VOL.

A Église
B Salle capitulaire
C Préau du cloître
D Cuisine
E Bâtiments claustraux
F Chapelle

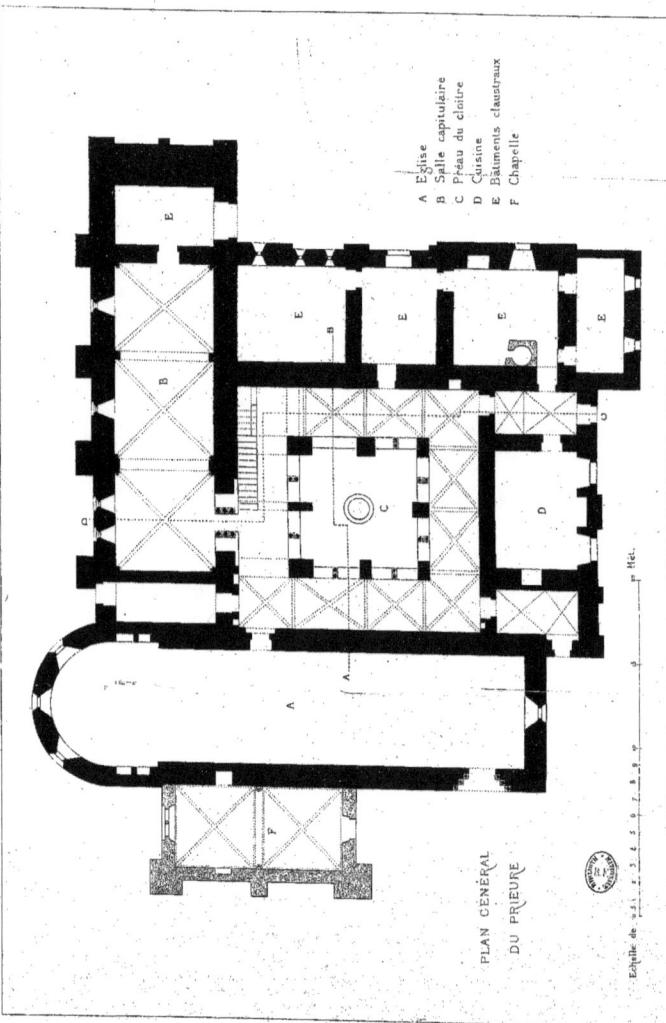

PLAN GÉNÉRAL
DU PRIEURE

Échelle de 0,1 2 3 4 5 6 7 8 9 10 Mèt.

PRIEURÉ DE GRANDMONT — PRÈS LODÈVE
(HÉRAULT)

H. REVOIL DEL.

A. MOREL — Éditeur.

Imp. Lemercier et Cⁱᵉ Paris.

CL. SAUVAGEOT SC.

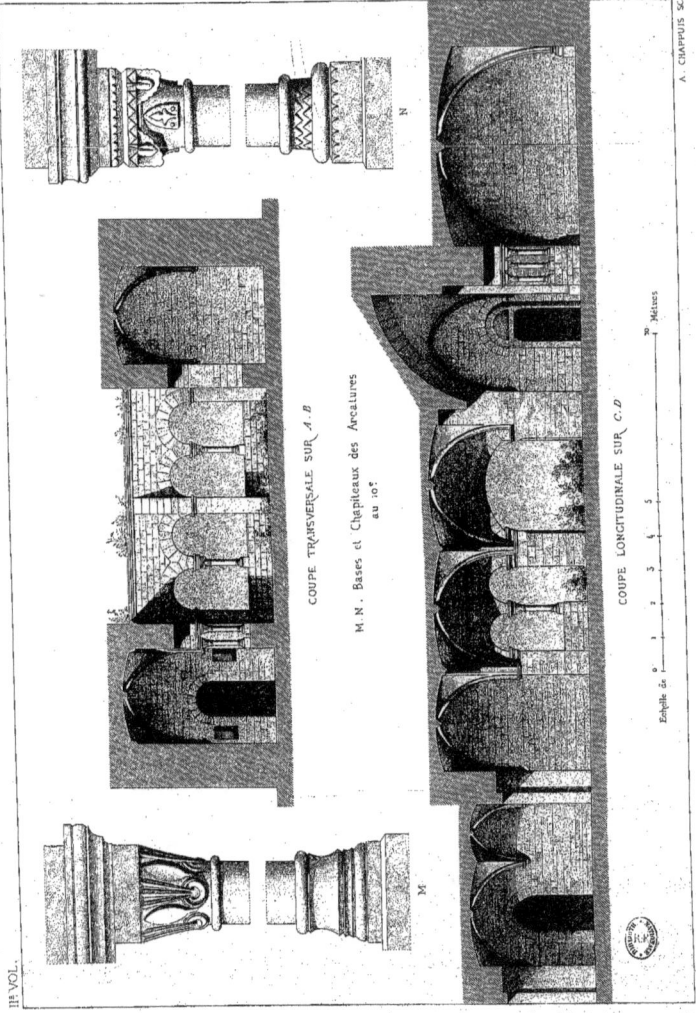

ARCHITECTURE ROMANE

PL XI

COUPE TRANSVERSALE SUR A.B

M. N. Bases et Chapiteaux des Arcatures
au 10e

COUPE LONGITUDINALE SUR C.D

Echelle de   0   1   2   3   4   5   10 Mètres

PRIEURE DE GRANDMONT
PRES LODEVE (HERAULT)

H REVOIL. DEL.

A. CHAPPUIS SC.

A MOREL Éditeur

Imp. Lemercier et Cie Paris

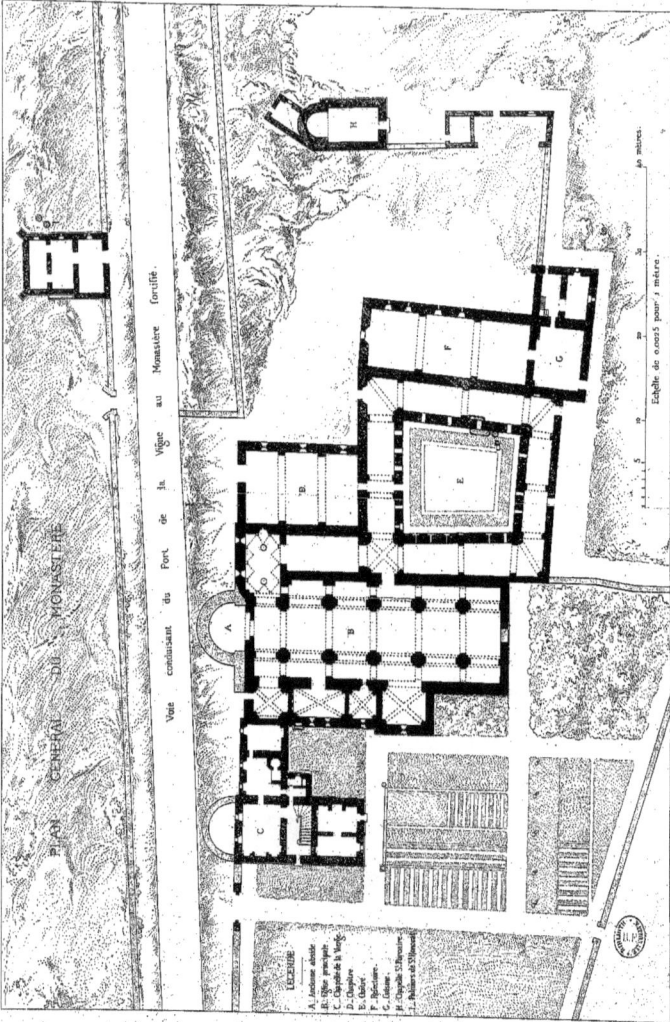

ARCHITECTURE ROMANE

PL. XII

II VOL.

PLAN GÉNÉRAL DU MONASTÈRE

Vue conduisant du Fort de St. Vigne au Monastère fortifié.

ÉGLISE ET CLOÎTRE DE LÉRINS
(VAR)

Échelle de 0.0035 pour 1 mètre.

40 mètres.

H. RENOU, DEL.

A. MORÉ, Éditeur.

CL. SAUVAGEOT, SC.

Imp. Lemercier & Cie, Paris.

LÉGENDE

A.
B.
C.
D.
E.
F.
G.
H.
I.

ARCHITECTURE ROMANE

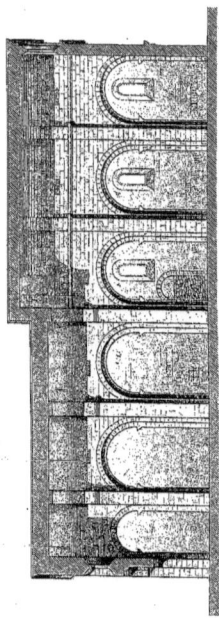

COUPE LONGITUDINALE

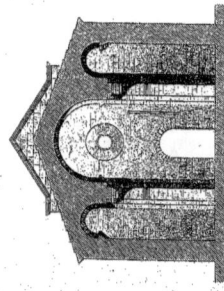

COUPE SUR LA PARTIE FLEIN CINTRE.

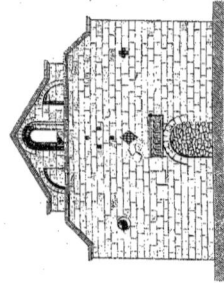

ELEVATION DU CÔTE DU JARDIN

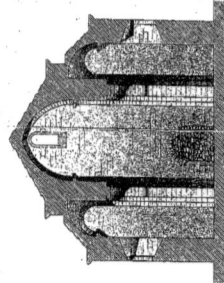

COUPE SUR LA PARTIE OGIVALE

Echelle de 0.005 p.r Mètre

0 1 2 3 4 5   10   20 Mètres

EGLISE DE LERINS,

(VAR)

CL. SAUVAGEOT SC.

H. REVOIL DEL.

A. MOREL, Editeur.

Imp. Lemercier et C.e Paris.

ARCHITECTURE ROMANE

PLAN GÉNÉRAL DE L'ÉGLISE ET DU CLOÎTRE

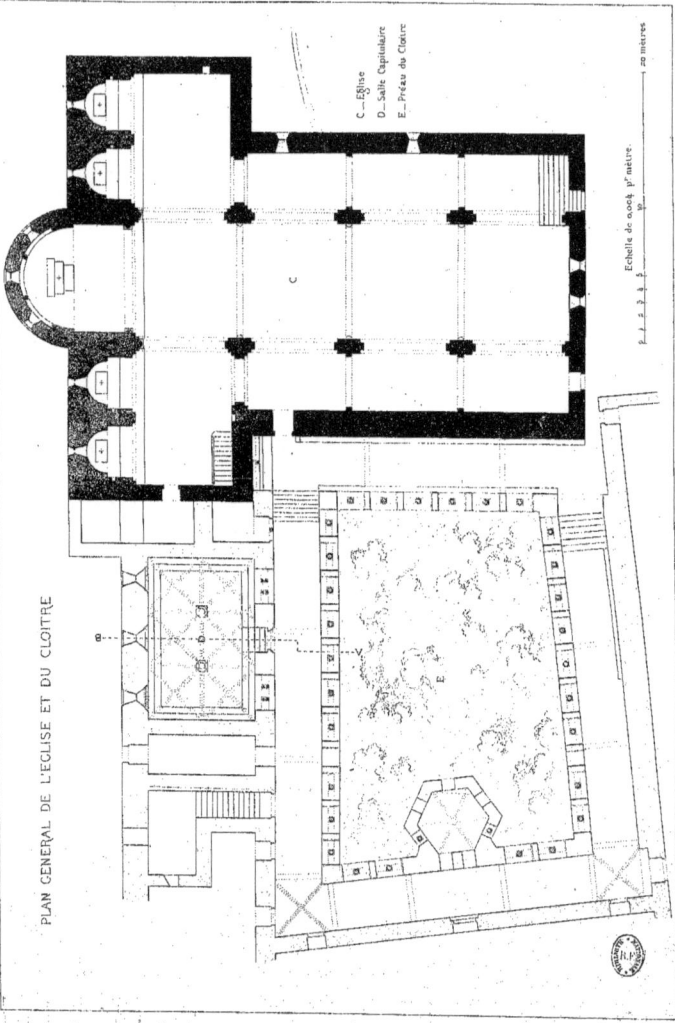

C — Église
D — Salle Capitulaire
E — Préau du Cloître

Échelle de 0.004 p.ʳ mètre.

KAURAGE SC.

ABBAYE DU THORONET
VAR

H. REVOIL DEL.

MOREL, Éditeur.

Imp. Lemercier et Cⁱᵉ Paris.

PORTE D'ENTRÉE DE LA SALLE CAPITULAIRE SOUS LE CLOITRE.   PROFIL.

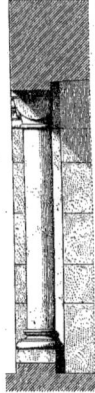

ELEVATION D'UNE TRAVEE INTERIEURE DU CLOITRE.

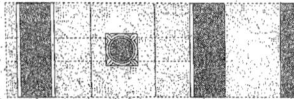

PLAN DE LA PORTE

Echelle des Elévations.

Echelle des Plans.

PLAN D'UNE TRAVÉE DU CLOITRE.

H. REVOIL. DEL.   CL. SAUVAGEOT SC.

ABBAYE DU THORONET
(VAR)

A. MOREL, Éditeur.   Imp. Lemercier et Cie. Paris.

ARCHITECTURE ROMANE

COUPE TRANSVERSALE
SUR LA SALLE CAPITULAIRE
SUIVANT LA LIGNE A.B
DU PLAN.

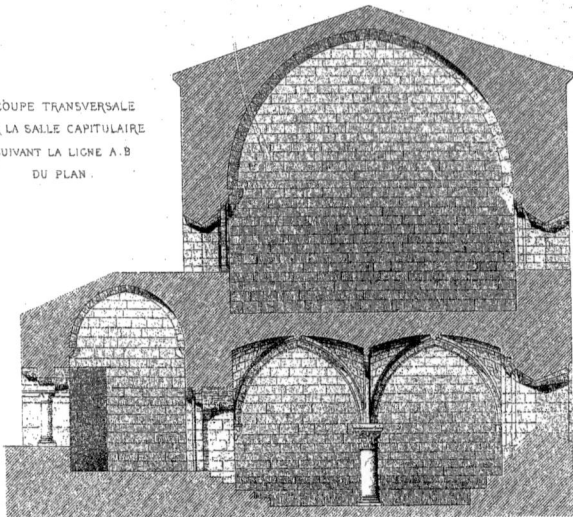

Échelle de 0   10 mètres.

VUE D'UNE ARCATURE DE LA SALLE CAPITULAIRE, SOUS LE CLOITRE.

R. REVOIL. DEL.   R. DIGEON SC.

ABBAYE DU THORONET

VAR

A. MOREL_Éditeur   Imp. Lemercier et C° Paris

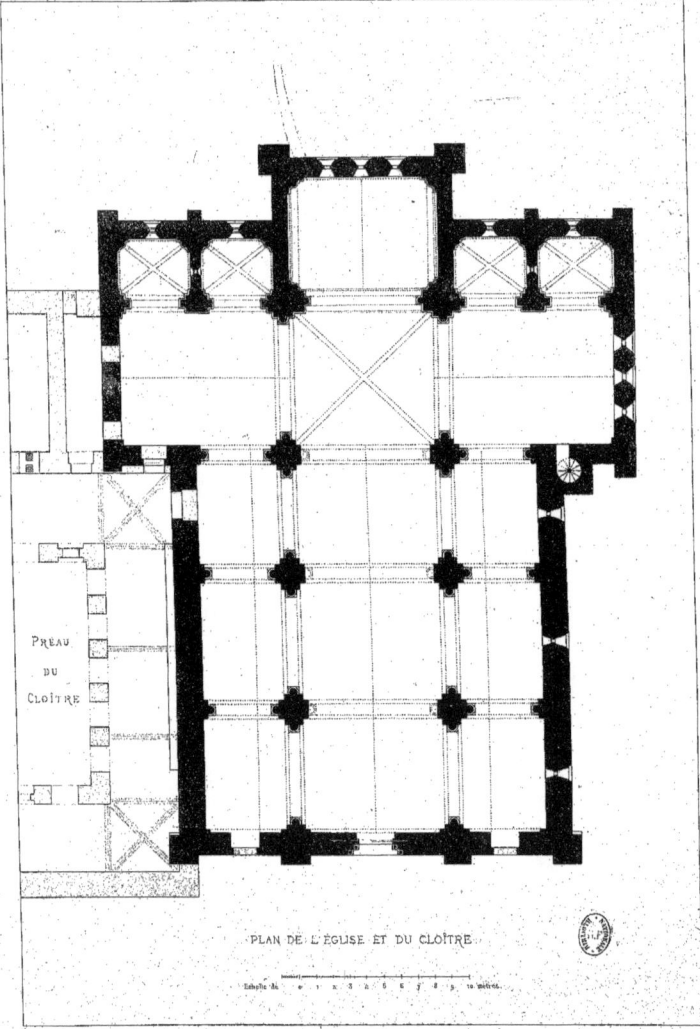

PREAU
DU
CLOÎTRE

PLAN DE L'ÉGLISE ET DU CLOÎTRE.

Échelle de   1   2   3   4   5   6   7   8   9   10 mètres.

G. JUVON. DEL.   CH. SAUVAGEOT SC.

EGLISE ABBATIALE DE SILVACANNE.
(BOUCHES-DU-RHÔNE).

A. MOREL, Éditeur.   Imp Lemercier, Paris.

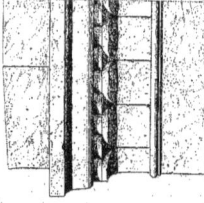

IMPOSTE DES TRANSSEPTS.
AU 20⁰

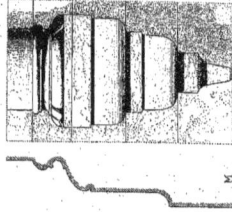

CUL DE LAMPE
DES COLONNES DE LA NEF
AU 20⁰

M

COLONNES ENGAGÉES DES BAS-CÔTES
AU 20⁰

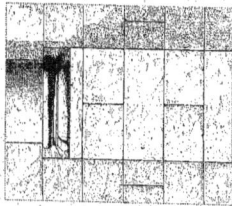

M. BASE DES COLONNES
DU CHŒUR
AU 20⁰

VUE INTÉRIEURE DU BAS-CÔTÉ DE DROITE

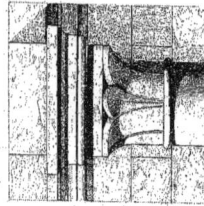

ÉGLISE ABBATIALE DE SILVACANNE
(BOUCHES-DU-RHÔNE)

H. REVOIL DEL.

A. MOREL, Éditeur.

FÉLIX PÉNEL SC.

Imp. Lemercier et Cⁱᵉ Paris.

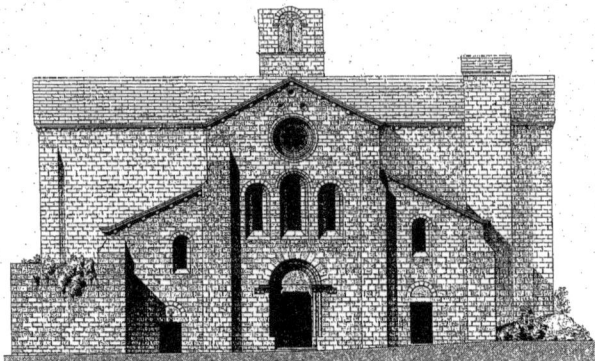

ÉLÉVATION PRINCIPALE.

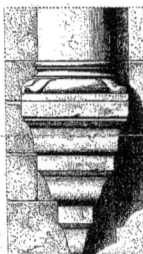

CUL DE LAMPE   DÉTAIL DE LA CORNICHE EXTÉRIEURE.   CUL DE LAMPE
DES COLONNES DE LA GRANDE NEF.   DES COLONNES DE LA GRANDE NEF.

Echelle des Détails à 0.05 p.ʳ mètre
Echelle de l'Élévation à 0.005 p.ʳ mètre

M. REVOIL DEL.   CHAPPUIS SC.

ÉGLISE ABBATIALE DE SILVACANNE
(BOUCHES-DU-RHÔNE)

A. MOREL. Éditeur.   Imp. Lemercier et Cⁱᵉ Paris.

ARCHITECTURE ROMANE

H. REVOIL, DEL.

CH. GUAY SC.

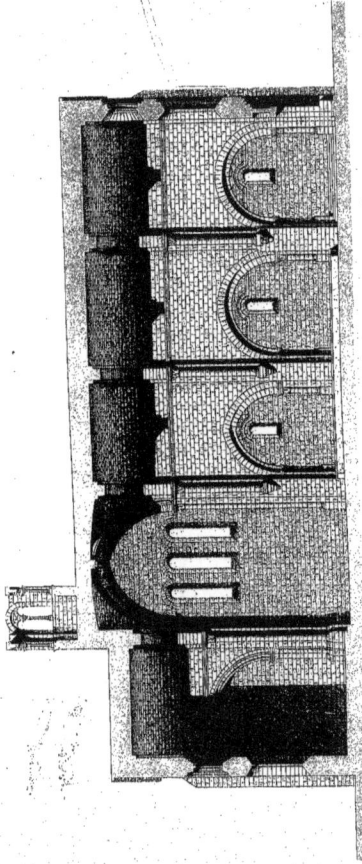

COUPE LONGITUDINALE.

Echelle de 0,004 pour mètre.

ÉGLISE ABBATIALE DE SILVACANE
(BOUCHES-DU-RHÔNE)

Imp. Lemercier et Cᵉ, Paris.

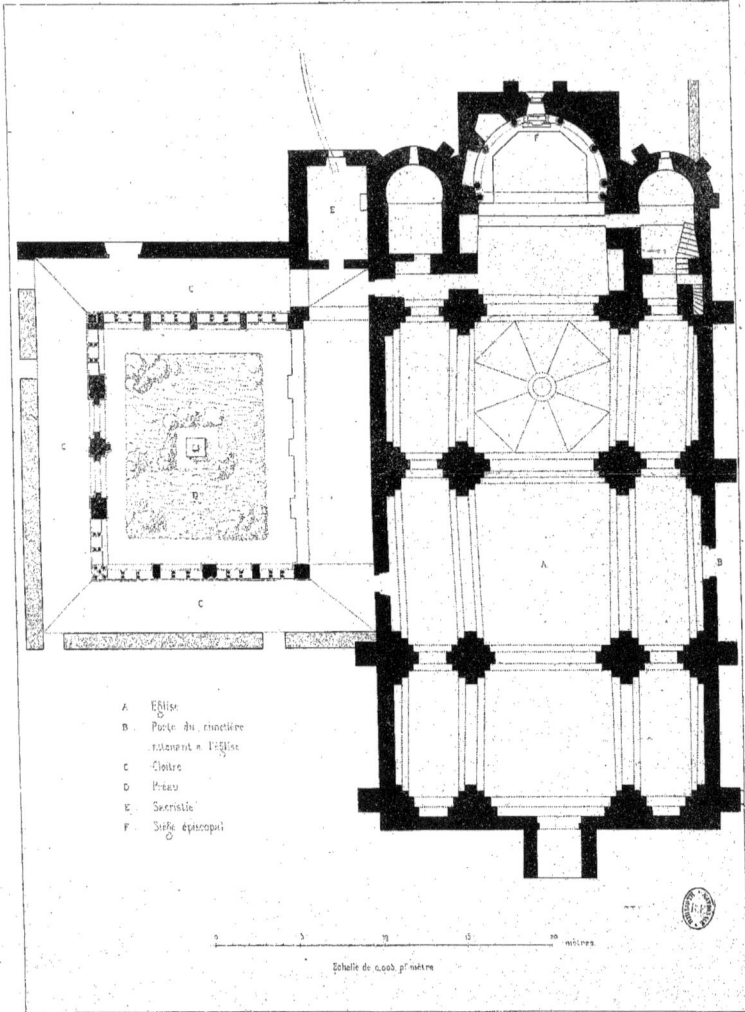

A   Église
B   Porte du cimetière
      attenant à l'église
C   Cloître
D   Préau
E   Sacristie
F   Siège épiscopal

Échelle de 0,005 p.r mètre

H. REVOIL DEL.   J. PENEL SC.

EGLISE ET CLOITRE DE VAISON

(VAUCLUSE)

A. MOREL, éditeur.   Imp. Lemercier et Cie Paris.

ARCHITECTURE ROMANE

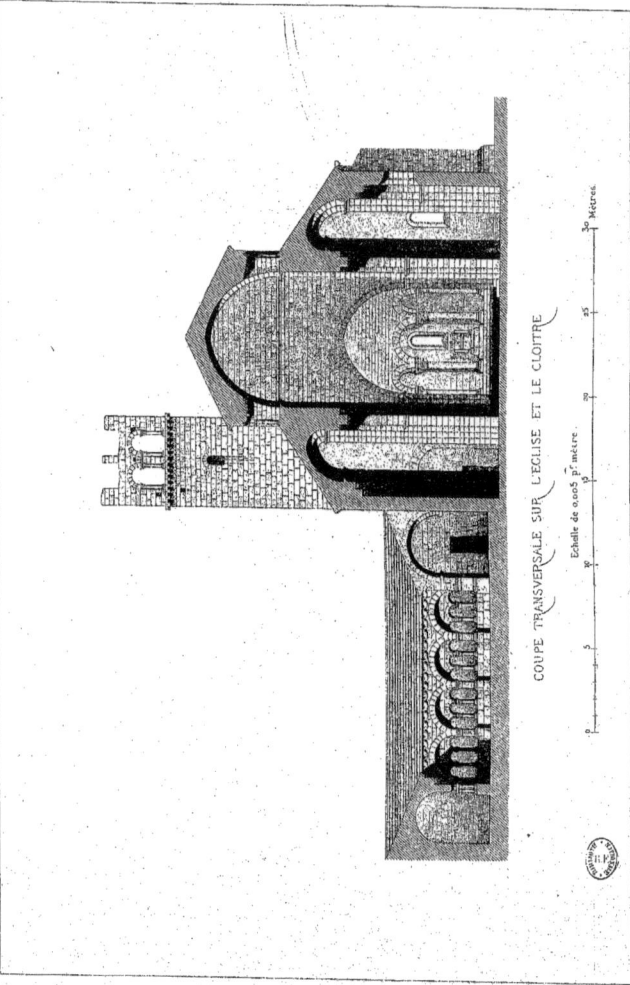

COUPE TRANSVERSALE SUR L'ÉGLISE ET LE CLOÎTRE

Échelle de 0.005 p.ᵉ mètre.

ÉGLISE ET CLOÎTRE DE VAISON

(VAUCLUSE)

H. REVOIL DEL.

J. SULPIS SC.

A. MOREL, éditeur.

Imp. Lemercier et Cⁱᵉ Paris.

VUE DU CLOITRE

EGLISE ET CLOITRE DE VAISON
SIÈGE ÉPISCOPAL

ARCHITECTURE ROMANE

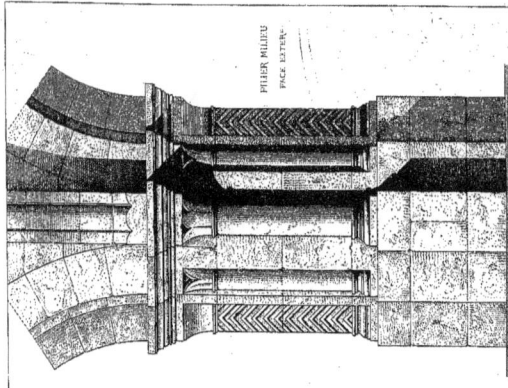

PILIER MILIEU
FACE EXTER.

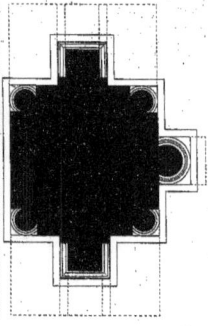

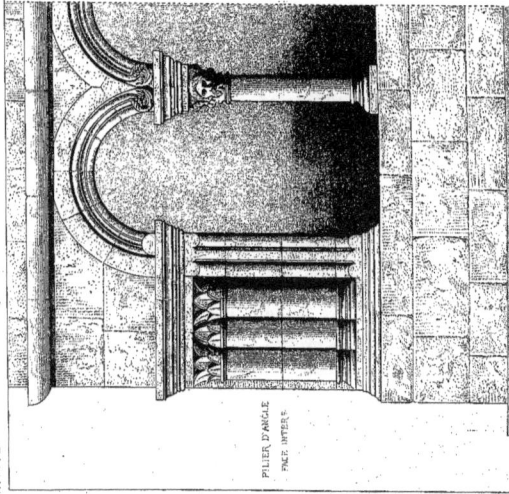

PILIER D'ANGLE
FACE INTER.

Echelle de 0,0l d' aprés nature.

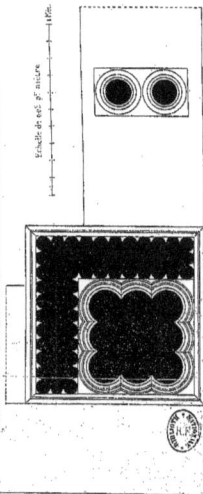

1/5 VOL.

H. REVOIL DEL.

BOULLAY SC.

Imp. Lemercier, Paris.

A. MOREL et Cie, Éditeurs.

CLOITRE DE VAISON
DÉTAILS

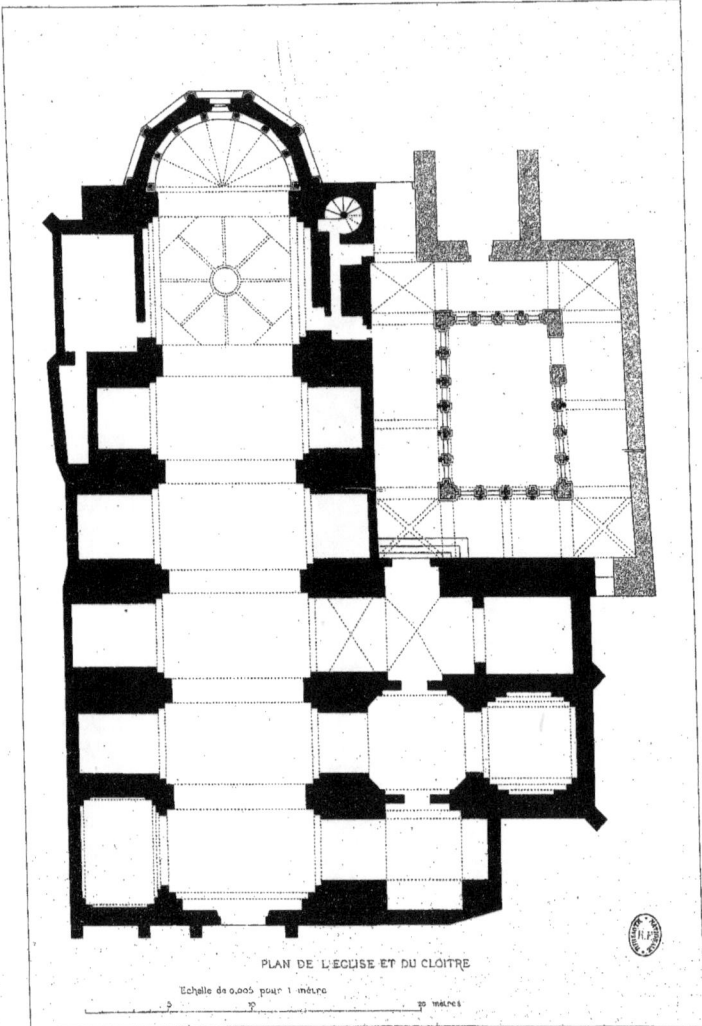

PLAN DE L'EGLISE ET DU CLOITRE

Echelle de 0,005 pour 1 mètre

H. REVOIL DEL.

CL. SAUVAGEOT SC.

EGLISE DE CAVAILLON

(VAUCLUSE)

A. MOREL, Editeur.

Imp. Lemercier et Cie Paris

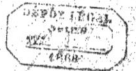

VUE DE L'ABSIDE ET DU CLOCHER

CRÊTE DE LA GRANDE NEF

CORNICHE LATÉRALE DE LA NEF (AU 20^E D'EXÉC.)

H. REVOIL. DEL. A. CHAPPUIS SC.

ÉGLISE DE CAVAILLON
VAUCLUSE.

A. MOREL. Éditeur. Imp. Lemercier et Cie Paris.

ELEVATION DE L'ABSIDE A L'EXTERIEUR

Echelle de 0.018 pour 1 mètre

5 mètres

H. REVOIL DEL.   FELIX PENEL SC.

EGLISE DE CAVAILLON
(VAUCLUSE)

A. MOREL.—Editeur.   Imp. Lemercier et Cⁱᵉ Paris

ARCHITECTURE ROMANE

CORNICHE DES
COTES LATERAUX

CORNICHE DE LA
FACE PRINCIPALE

DÉTAILS DES CHAPITEAUX ET DE LA CORNICHE DE L'ABSIDE _ AU EXIEME

ARCHIVOLTE DE LA FENÊTRE
DE L'ABSIDE

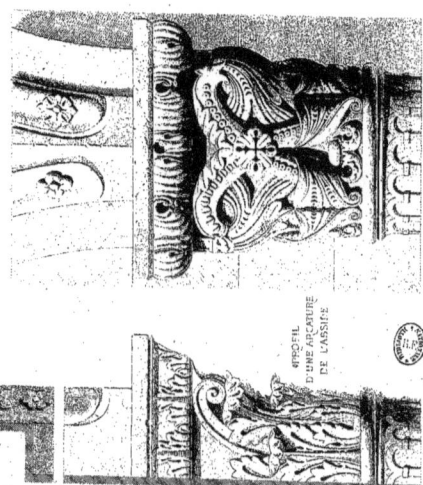

PROFIL
D'UNE ARCATURE
DE L'ABSIDE

ÉGLISE DE CAVAILLON

H. REVOIL FILL.

A. MOREL, Editeur.

II.e VOL.

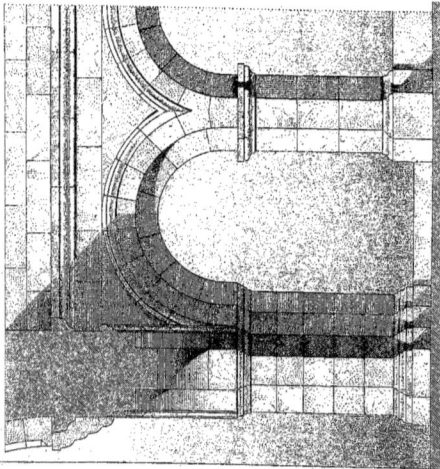

ELEVATION EXTERIEURE DU CLOITRE

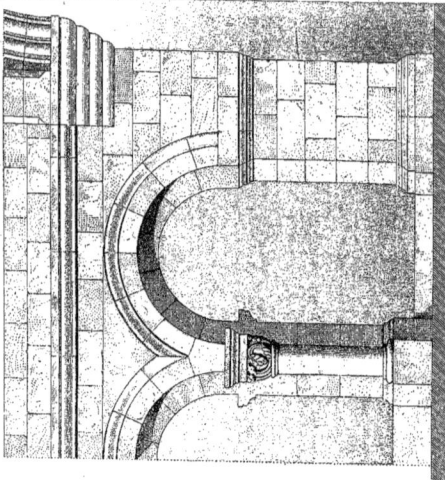

ELEVATION INTERIEURE DU CLOITRE

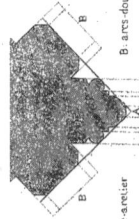

Echelle du Plan et Elevations

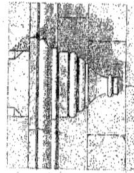

A. arc-aretier

B. arcs-doubleaux

PLAN A LA NAISSANCE DES ARCS
D'UN PILIER D'ANGLE (AU DOS)

PLAN D'UNE FACADE

ARC-DOUBLEAU DANS LA
GALERIE DU CLOITRE (NO 204)

H. REVOIL, DEL.

CLOITRE DE CAVAILLON

(VAUCLUSE)

A. MOREL, Editeur.

CL. SAUVAGEOT SC.

Imp.Lemercier et Cie. Paris.

ARCHITECTURE ROMANE

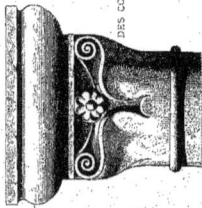

CHAPITEAU
DES COLONNES D'ANGLE

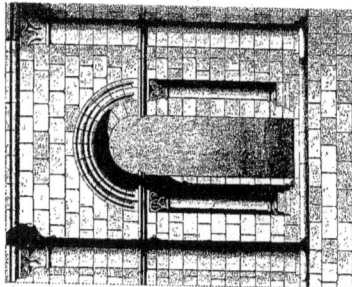

DETAIL D'UN PIEDROIT
DES ARCATURES

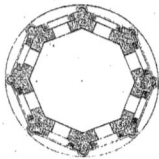

ELEVATION D'UNE FACE DU CLOCHER

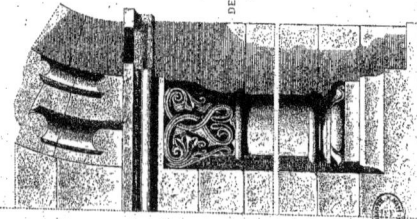

PLAN
Echelle des Details

Echelle du Plan

CHAPITEAU
DES COLONNES D'ANGLE

DETAIL D'UN PIEDROIT
DES ARCATURES

Echelle de l'Elevation

CLOCHER DE L'EGLISE DE CAVAILLON
(VAUCLUSE)

H. REVOIL. DEL.

A. MOREL, Editeur.

H. SELLIER SC.

Imp. Lemercier et C⁰ Paris.

ARCHITECTURE ROMANE

Pl. XXXI

PLAN GENERAL
DE
L'ABBAYE

A

D

C

B

LEGENDE

A. Église.
B. Cloître.
C. Réfectoire.
D. Tour.

Échelle de 0m01 pour mètre.

CL. SAVIGNON SC.

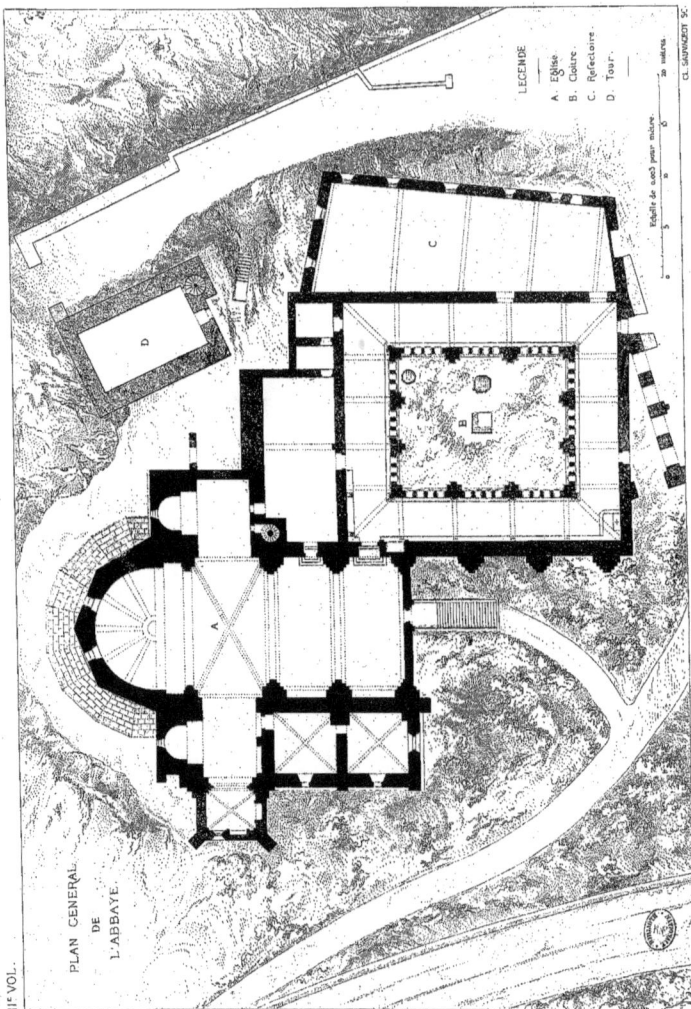

ABBAYE DE MONTMAJOUR PRES ARLES
(BOUCHES - DU - RHÔNE)

M. REVOIL. EDI.

E. HUMBL. Éditeur

Imp.Lemercier et C⁹ Paris

ELEVATION DE L'ABSIDE

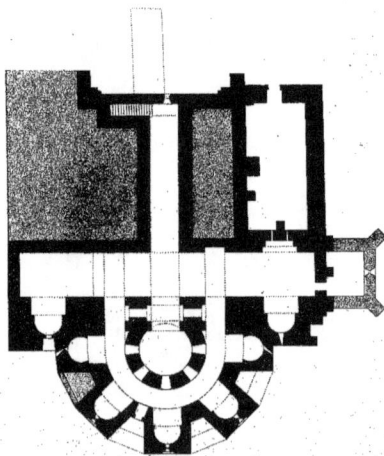

PLAN DE LA CRYPTE

Echelle de 0,003 pᵉ Mètre

20 mètres

H. REVOIL DEL.

CL. SAUVAGEOT SC

ABBAYE DE MONTMAJOUR PRES ARLES
BOUCHES-DU-RHÔNE

A. MOREL Editeur.

Imp. Lemercier et Cⁱᵉ Paris

COUPE LONGITUDINALE DE L'EGLISE ET DE LA CRYPTE

Echelle de o,oo5 pour mètre

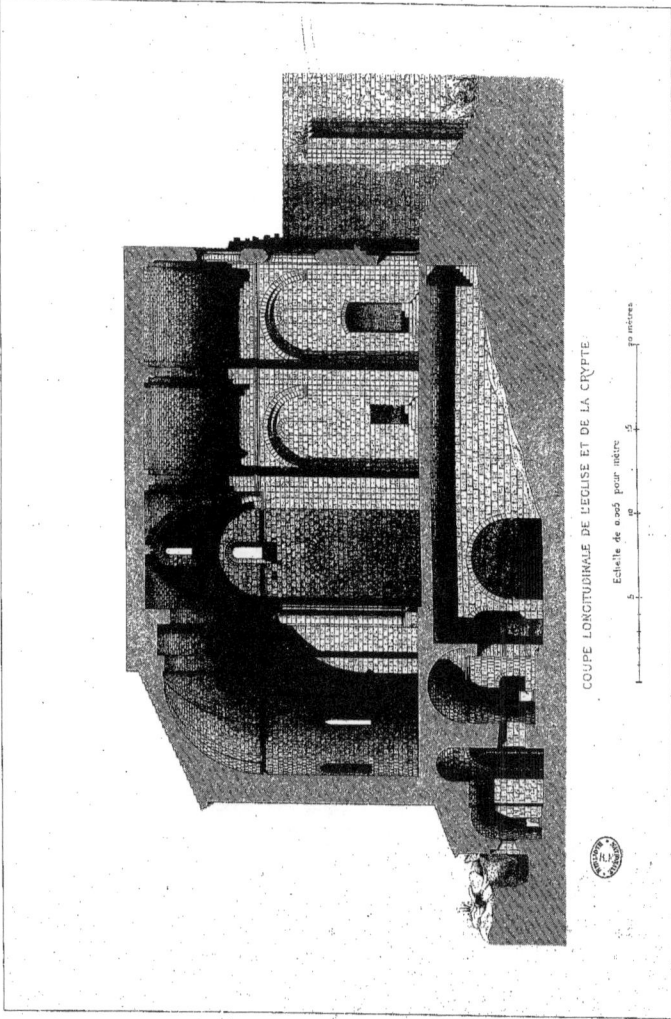

ABBAYE DE MONTMAJOUR _ PRES ARLES
(BOUCHES-DU-RHÔNE)

H. REVOIL DEL.

CH. BURY SC.

Imp. Lemercier et C.ie Paris

A. MOREL, Éditeur

2.ᵉ VOL.

FENÊTRE DE L'ABSIDE

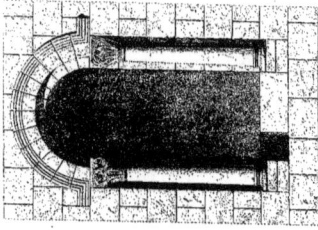

CHAPITEAU DE GAUCHE
À 0.15 P. MÈTRE

CHAPITEAU DE DROITE
À 0.15 P. MÈTRE

B — CORNICHE EXTÉRIEURE

Échelle des Profils

1 Mètre

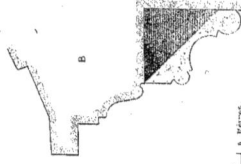

A — PROFILS DE L'INTÉRIEUR

Échelle de la Fenêtre

4 Mètres

BURY PÈRE SC.

ABBAYE DE MONTMAJOUR PRÈS ARLES
(BOUCHES DU RHÔNE)

H. REVOIL DEL.

A. MOREL Éditeur

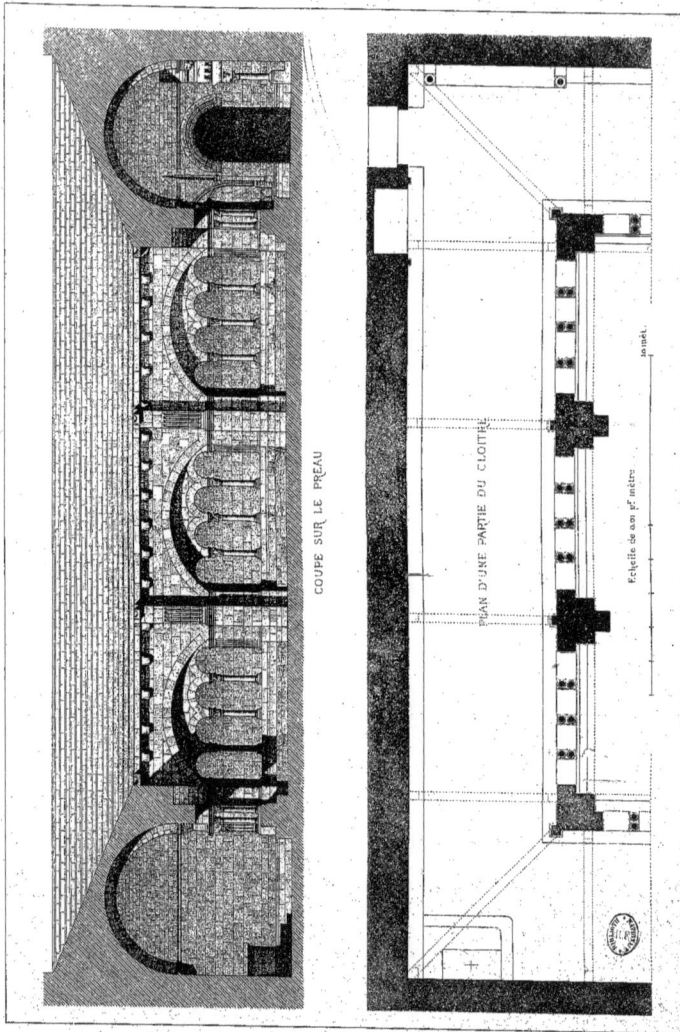

ARCHITECTURE ROMANE

PL. XXX.

IIᵉ VOL.

COUPE SUR LE PRÉAU

PLAN D'UNE PARTIE DU CLOITRE

Échelle de 0 à 1ᵐ mètre

H. RÉVOIL. DEL.

CHAPPUIS SC.

Imp. Lemercier et Cⁱᵉ Paris

ABBAYE DE MONTMAJOUR_PRÈS ARLES
(BOUCHES-DU-RHONE)

A. MOREL_Éditeur.

FACE INTÉRIEURE DU CLOÎTRE.____ DÉTAIL D'UN PILIER ET D'UNE ARCADE

Échelle de ,07 p.º mètre

H. REVOIL DEL.

A. GUILLAUMOT SC.

ABBAYE DE MONTMAJOUR

A. MOREL et Cⁱᵉ Éditeurs.

Imp. Lemercier Paris.

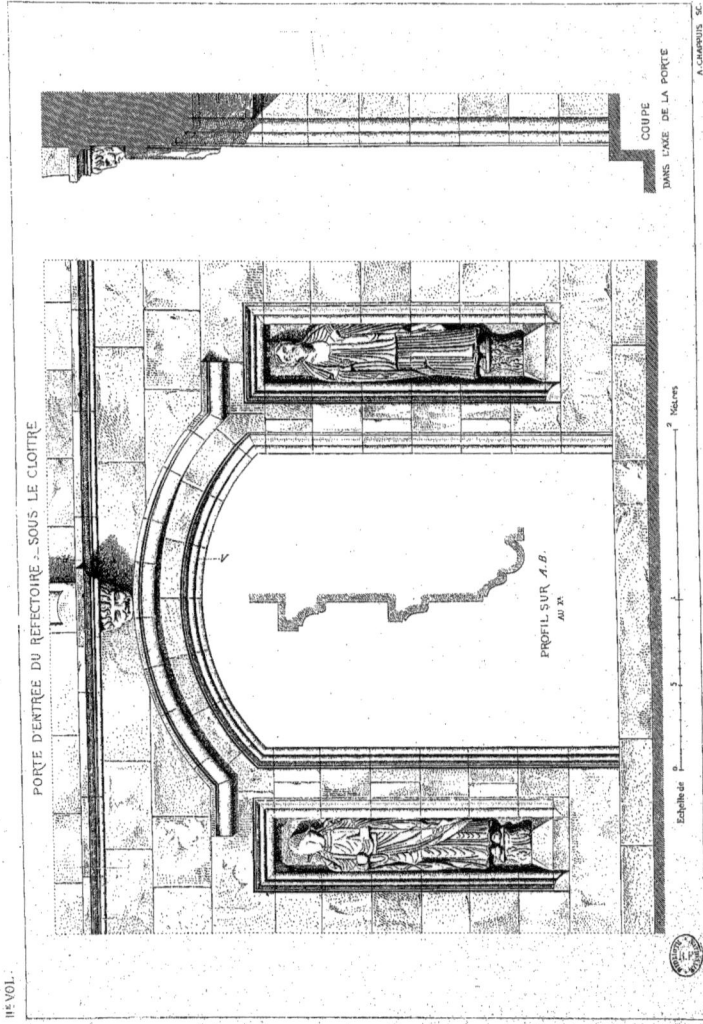

ARCHITECTURE ROMANE

PL. XXXVII.

PORTE D'ENTRÉE DU RÉFECTOIRE — SOUS LE CLOITRE

COUPE
DANS L'AXE DE LA PORTE

PROFIL SUR A.B.
AU 1/5

Échelle de 0   5   2 Mètres

ABBAYE DE MONTMAJOUR — PRÈS ARLES.
(BOUCHES-DU-RHÔNE)

II.e VOL.

H. REVOIL, DEL.

A. MOREL, éditeur.

Imp. Lemercier et Cie Paris

A. CHAPUIS, SC.

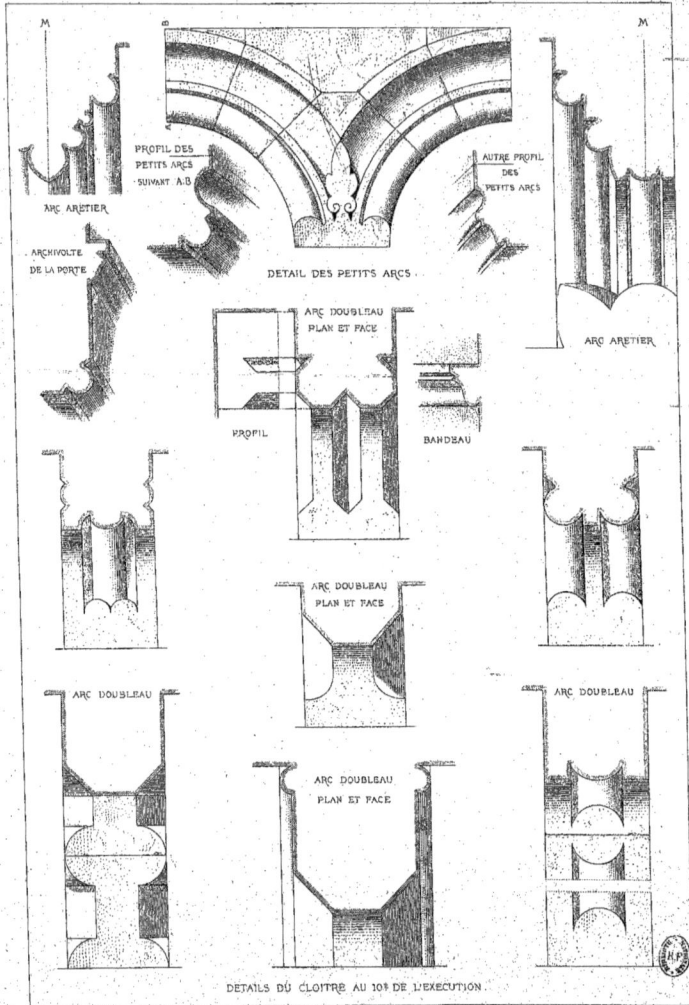

PROFIL DES
PETITS ARCS
SUIVANT A.B

AUTRE PROFIL
DES
PETITS ARCS

ARC ARETIER

ARCHIVOLTE
DE LA PORTE

DETAIL DES PETITS ARCS

ARC DOUBLEAU
PLAN ET FACE

ARC ARETIER

PROFIL

BANDEAU

ARC DOUBLEAU
PLAN ET FACE

ARC DOUBLEAU

ARC DOUBLEAU

ARC DOUBLEAU
PLAN ET FACE

DETAILS DU CLOITRE AU 10ᵉ DE L'EXECUTION.

H. REVOIL. Del.

C. SAUVAGEOT. Sc.

ABBAYE DE MONTMAJOUR

A. MOREL, et Cⁱᵉ Éditeurs   Imp. Lemercier. Paris

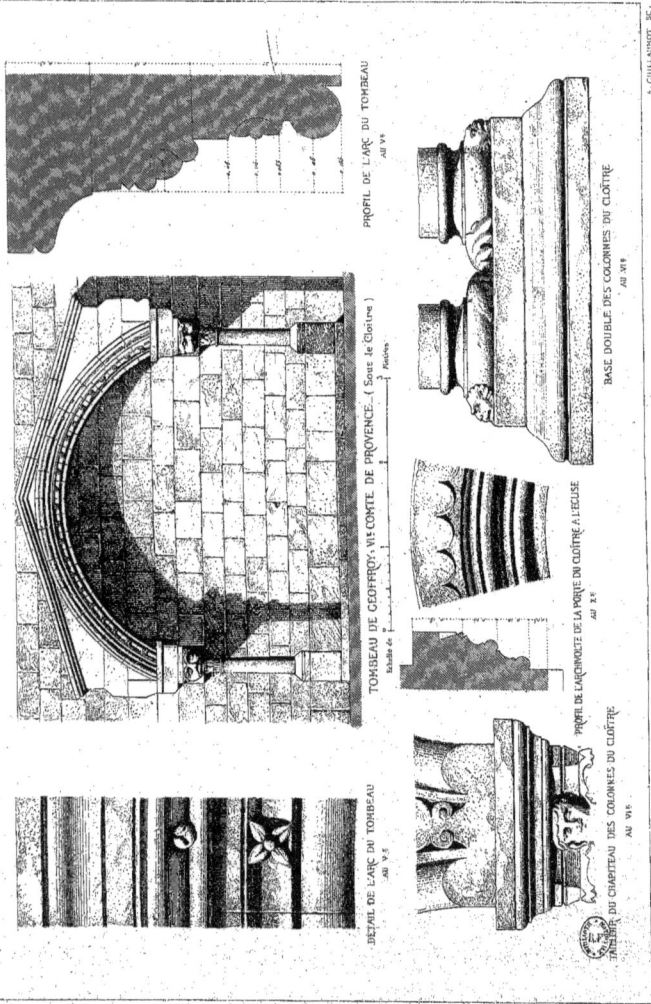

ARCHITECTURE ROMANE

PL. XXXIX

IIe VOL.

DÉTAIL DE L'ARC DU TOMBEAU

TOMBEAU DE GEOFFROY, VICOMTE DE PROVENCE. (Sous le Cloître)

PROFIL DE L'ARC DU TOMBEAU

PROFIL DE L'ARCHIVOLTE DE LA PORTE DU CLOÎTRE A L'ÉGLISE

INTÉRIEUR DU CHAPITEAU DES COLONNES DU CLOÎTRE

BASE DOUBLE DES COLONNES DU CLOÎTRE

ABBAYE DE MONTMAJOUR

A — B — A

A — B

DÉTAILS DU CLOÎTRE AU 10ᵉ D'EXÉCUTION

A. CONSOLE SUPPORTANT B. PILASTRE D'ANGLE
LES ARCS DOUBLEAUX DANS L'INTÉRIEUR
DE LA GALERIE DU CLOÎTRE DE LA GALERIE DU CLOÎTRE

H. REVOIL DEL. FÉLIX PENEL SC.

ABBAYE DE MONTMAJOUR PRÈS ARLES
(BOUCHES DU RHÔNE)

A. MOREL, Éditeur Imp. Lemercier. Paris.

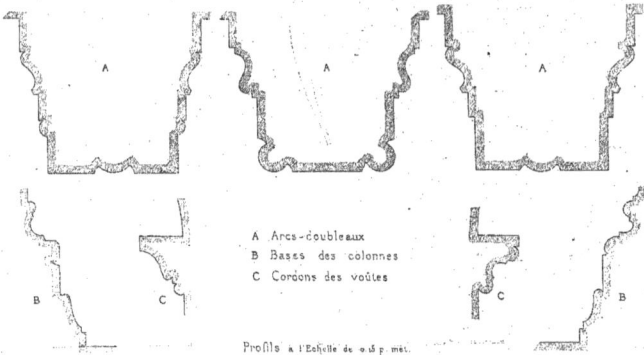

A   Arcs-doubleaux
B   Bases des colonnes
C   Cordons des voûtes

Profils à l'Echelle de o.15 p. mèt.

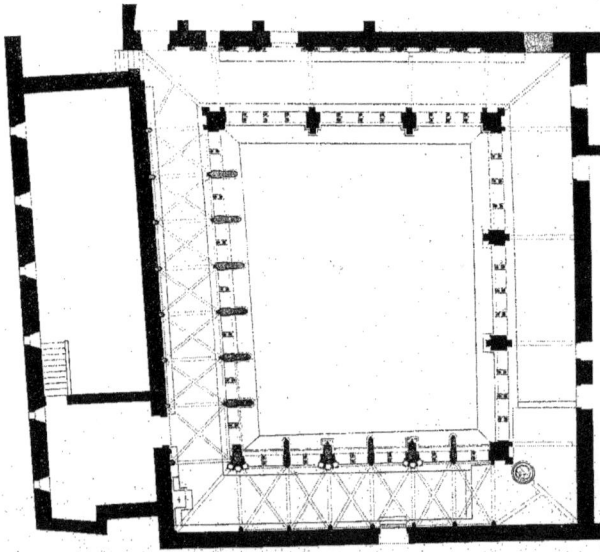

Echelle du Plan   50 mèt.

H. REVOIL DEL.   HUGUET JEUNE SC.

CLOITRE DE Sᵀ TROPHIME D'ARLES
(BOUCHES-DU-RHONE)

A. MOREL.. Editeur.   Imp. Lemercier et Cⁱᵉ Paris.

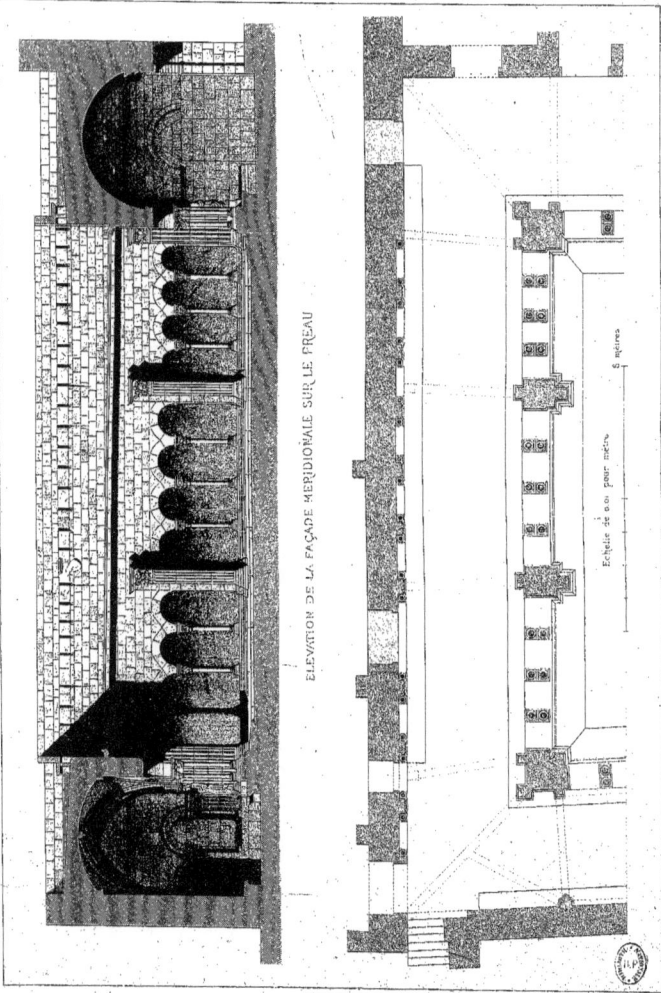

ELEVATION DE LA FAÇADE MERIDIONALE SUR LE PREAU

CLOITRE DE St TROPHIME D'ARLES

Échelle de 0.01 pour mètre

5 mètres

H. REVOIL, DEL.

CH. BURY SC.

A. MOREL, Éditeur

Imp. Lemercier et Cie Paris

COUPE TRANSVERSALE DU CLOITRE

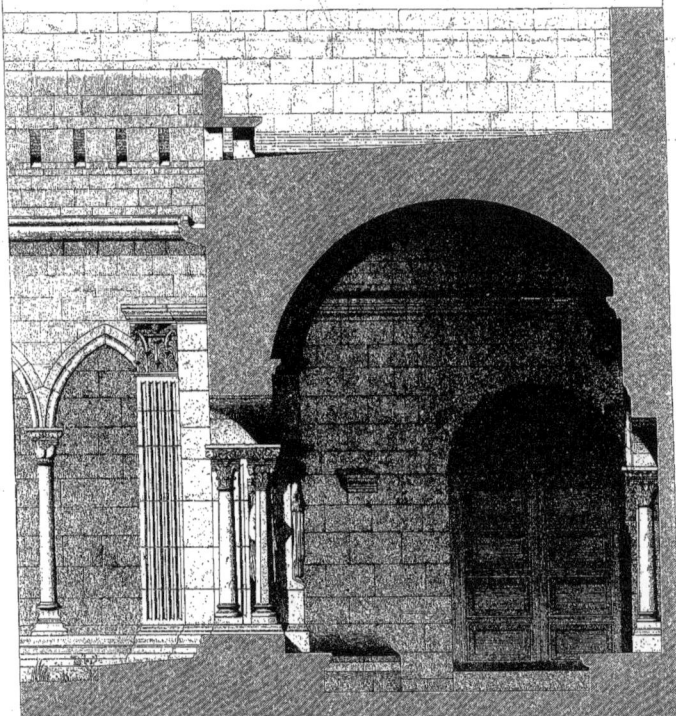

Echelle de 0.03 pᵉ mètre

5 mètres

R. REVOIL. DEL.

CH. DURY SC.

CLOITRE DE Sᵗ TROPHIME D'ARLES
(BOUCHES-DU-RHÔNE)

A MOREL. Éditeur

Imp. Lemercier et Cⁱᵉ Paris

PL. XLIV.

I.re VOL.

DÉTAIL DES MOULURES DU MUR SEPTENTRIONAL DE LA GALERIE DU CLOÎTRE.
Échelle de

CLOÎTRE DE St TROPHIME D'ARLES.
(BOUCHES DU RHÔNE)

H. NODET, DEL.

BURY SC.

A. MOREL. — Éditeur.

Imp. Lemercier et C.ie Paris.

PL. XIV

IIIᵉ VOL.

MOTIFS DE DEUX PILIERS D'ANGLE DU CLOITRE

CLOITRE DE Sᵗ TROPHIME D'ARLES

(BOUCHES - DU - RHÔNE)

H. REVOIL DEL.

SELLIER SC

A. MOREL, éditeur

Imp. Lemercier et Cⁱᵉ Paris

CHAPITEAUX DES ARCADES DE LA GALERIE SEPTENTRIONALE. (AU 5ᵉ)

R. REVOIL DEL.   SELLIER SC.

CLOITRE DE Sᵗ TROPHIME D'ARLES
(BOUCHES-DU-RHÔNE)

A. MOREL, éditeur.   Imp. Lemercier et Cⁱᵉ Paris.

Pl. XLVII - XLVIII

J. DE CAMBON SC.

ÉLÉVATION DU PORTAIL DE L'ÉGLISE St TROPHIME A ARLES

BOUCHES DU RHÔNE

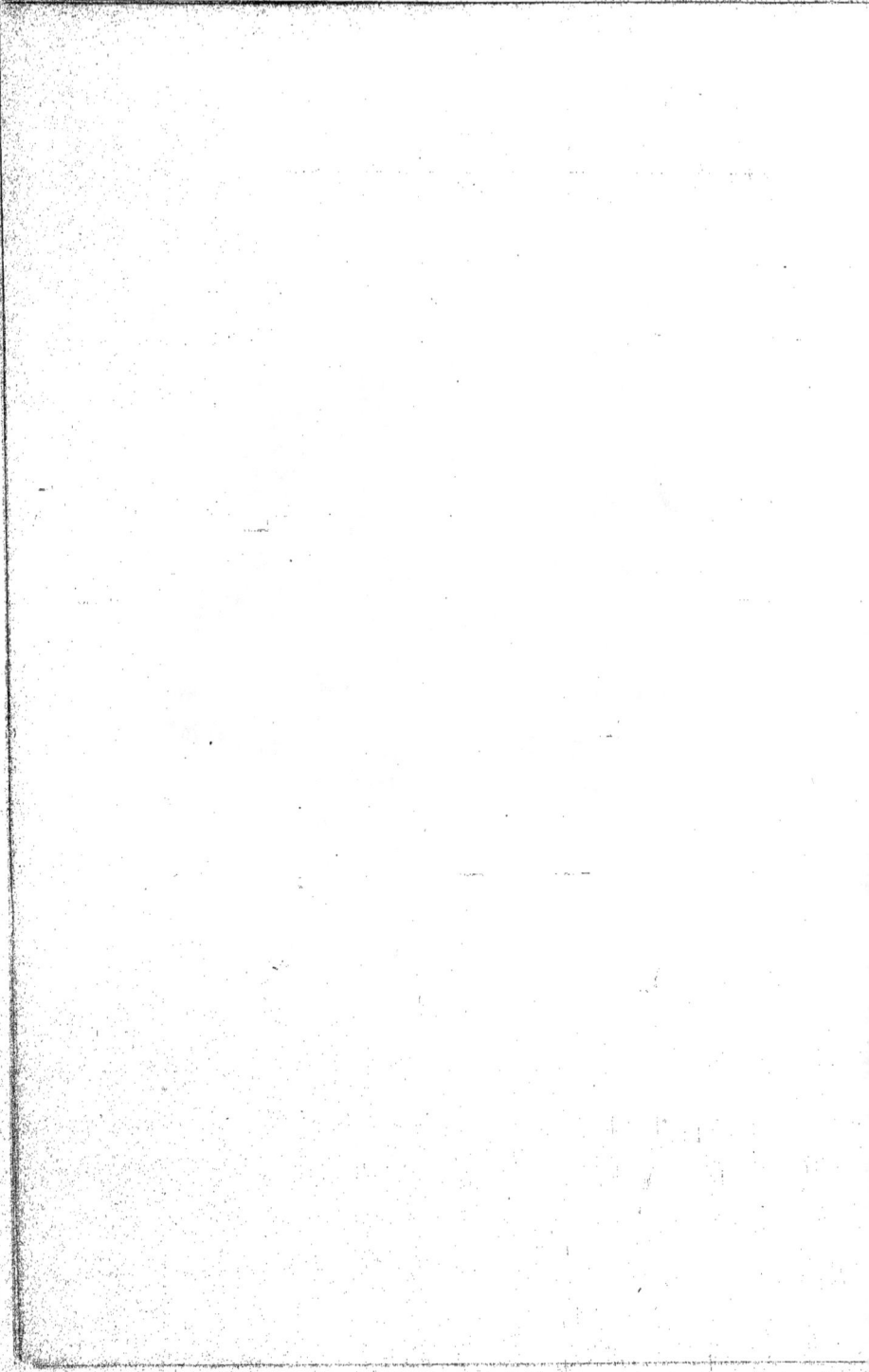

A — Couronnement du Portail.

B

C

B..C — Archivolte et encadrement du tympan.

D — Section sur la frise au-dessus des colonnes.
E — Piédestal des colonnes.
F — Soubassement au-dessus des niches.
G — Soubassement général du portail.

PROFILS DIVERS DU PORTAIL
AU 10ᵉ D'EXECUTION

PLAN DU PORTAIL AU-DESSUS DU SOUBASSEMENT

Echelle de 0   1   2   3   4   5   Mètres

H. REVOIL DEL.   CL. SAUVAGEOT SC.

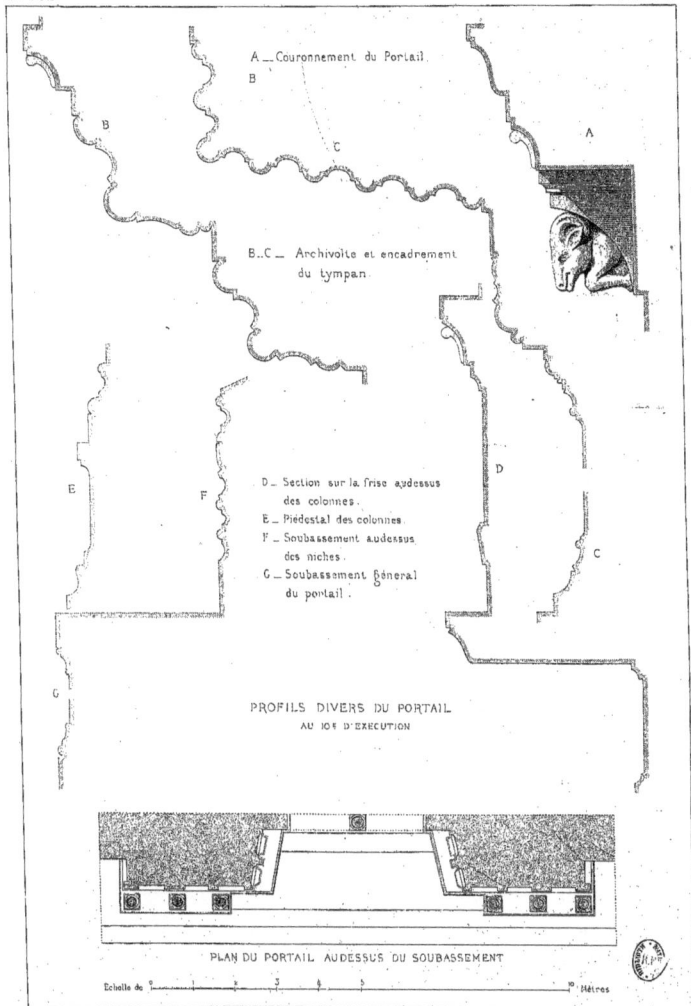

EGLISE DE S.ᵗ TROPHIME D'ARLES
BOUCHES-DU-RHÔNE

A. MOREL. Editeur   Imp. Lemercier et C.ⁱᵉ Paris.

H. REVOIL. DEL.

SELLIER. SC.

EGLISE DE ST TROPHIME D'ARLES

DETAIL DU CÔTE GAUCHE DU PORTAIL

A. MOREL. Editeur

Imp. Lemercier et Cⁱᵉ Paris

CROIX OU   ANTEFIXE

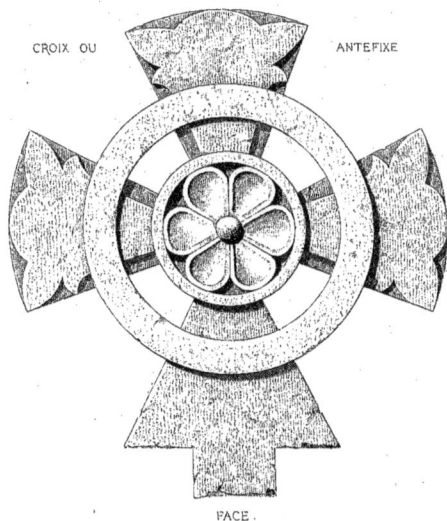

FACE.   COUPE

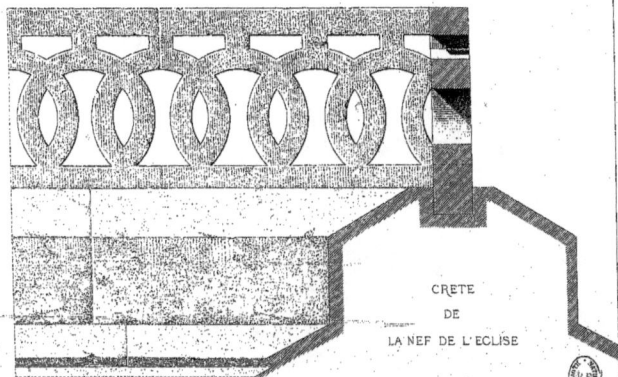

CRETE
DE
LA NEF DE L'EGLISE

H. REVOIL DEL.   CH. BURY SC.

EGLISE St TROPHIME D'ARLES
(BOUCHES-DU-RHÔNE)

A. MOREL. Éditeur.   Imp. Lemercier. Paris.

PL. LII.

II¹ᵉ VOL.

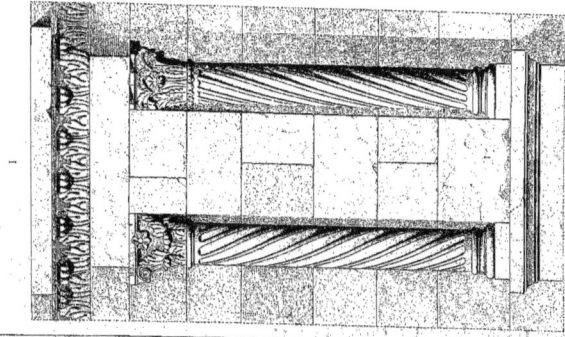

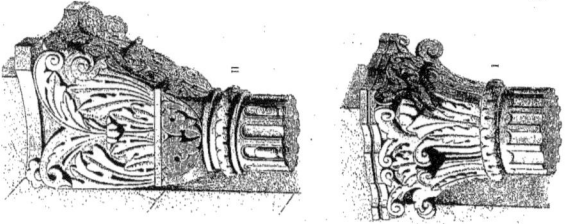

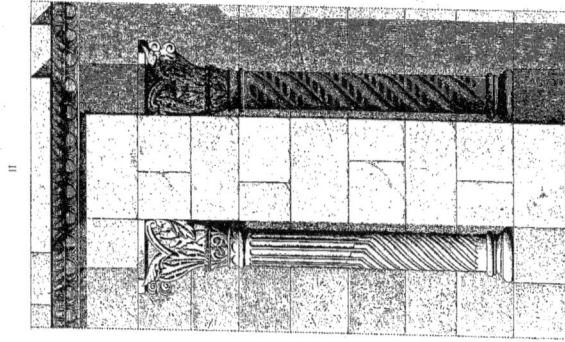

PARALLELE DES PILIERS
AVEC COLONNES CANTONNÉES. DANS LES NEFS.

Échelle des Élévations

Échelle des Plans

1 Mèt.

2 Mèt.

I

II

H. REVOIL. DEL.

J. DE GARRON SC.

Imp. Lemercier et Cⁱᵉ Paris.

A. MOREL, éditeur

EGLISES DE Sᵗ TROPHIME D'ARLES (I) et de Sᵗ SAUVEUR D'AIX (II)

DETAIL DU TYMPAN DE LA FAÇADE PRINCIPALE DE L'EGLISE

AU 20ᵉ

DETAIL DU DESSOUS DU LINTEAU DU PORTAIL

PLAN DU DESSOUS DU LINTEAU DU PORTAIL

H. REVOIL DEL.   SELLIER SC.

EGLISE DE St TROPHIME D'ARLES
(BOUCHES-DU-RHONE)

A. MOREL _éditeur   Imp. Lemercier et Cⁱᵉ Paris

FACE LATERALE
DU PORTAIL

COTE GAUCHE

10ᵉ D'EXEC.

H. REVOIL DEL.   SELLIER SC.

EGLISE Sᵀ TROPHIME D'ARLES

(BOUCHES-DU-RHÔNE)

A. MOREL, Editeur.   Imp. Lemercie et Cⁱᵉ Paris.

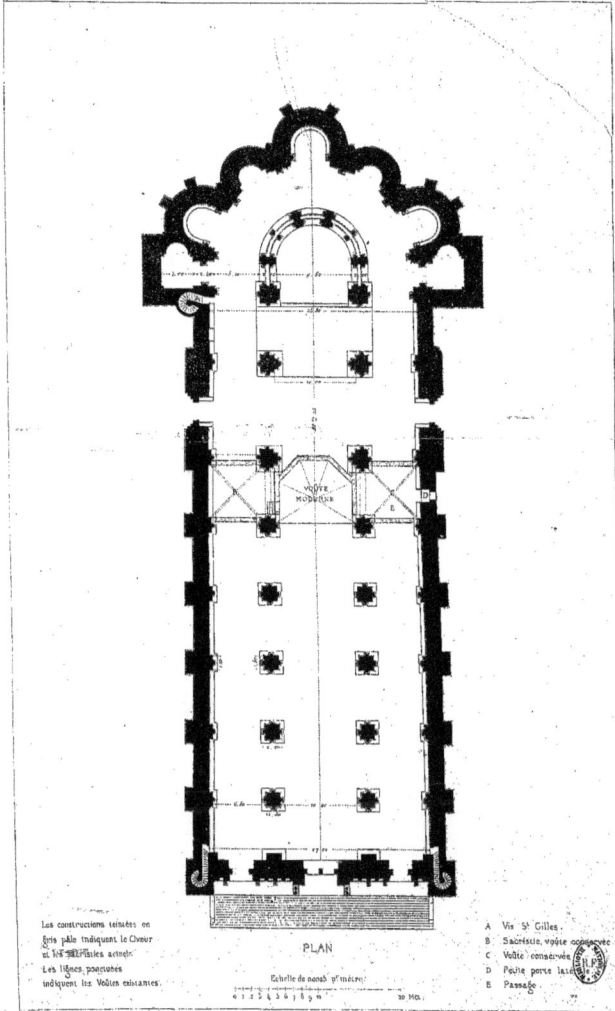

Les constructions teintées en
gris pâle indiquent le Chœur
et les chapelles actuelles.
Les lignes ponctuées
indiquent les Voûtes existantes.

PLAN

Échelle de neand p. mètre.

A   Vis St Gilles.
B   Sacréstie, voûte conservée.
C   Voûte conservée.
D   Petite porte latérale.
E   Passage.

H. REVOIL, DEL.   J. SULPIS, SC.

EGLISE DE ST GILLES.
(GARD)

A. MOREL et Cᵉ Editeurs.   Imp. Lemercier. Paris.

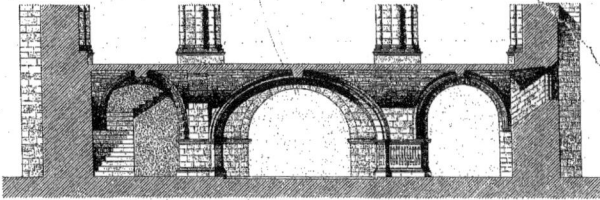

COUPE DE LA CRYPTE SUR A B

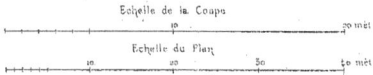

Echelle de la Coupe

Echelle du Plan

LEGENDE

C C Bâtiments capitulaires

D Préau de l'ancien cloître

E E Tombeaux

F F Escaliers conduisant à
l'Église haute

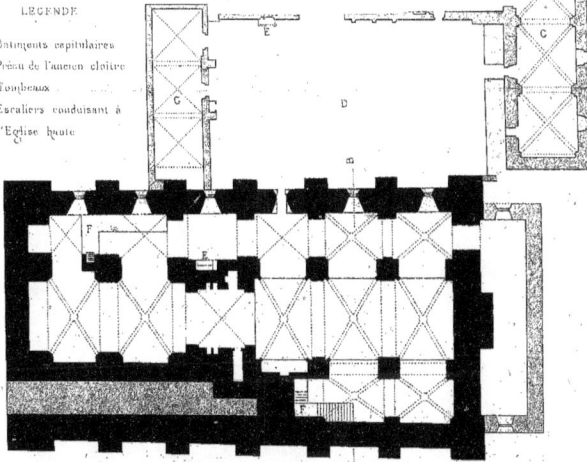

PLAN DE LA CRYPTE

H. REVOIL DEL.

CHAPPUIS SC.

EGLISE DE Sᵗ GILLES
(GARD)

A. MOREL.—Editeur.

Imp. Lemercier et Cⁱᵉ Paris.

PROFIL
DU PILIER
CI - CONTRE

PROFIL DU
COURONNEMENT DE
LA RAMPE
MONTANT A L'EGLISE
HAUTE

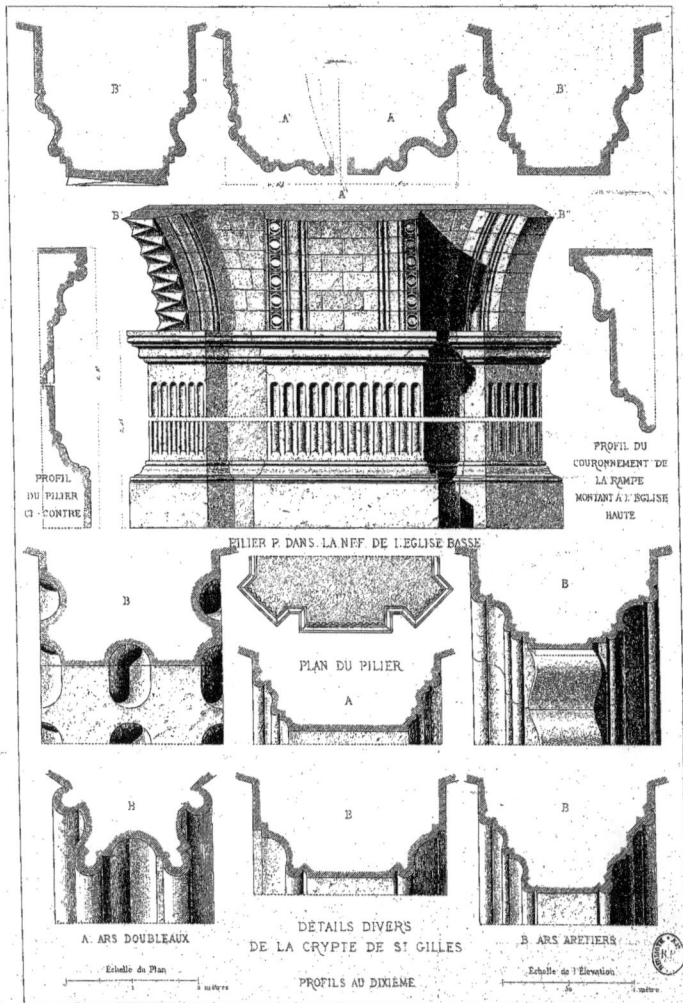

PILIER P. DANS LA NEF DE L'EGLISE BASSE

PLAN DU PILIER

A. ARS DOUBLEAUX

DÉTAILS DIVERS
DE LA CRYPTE DE St GILLES

B. ARS ARETIERS

Echelle du Plan

Echelle de l'Elevation

PROFILS AU DIXIÈME

H. REVOIL, DEL.   DE CARRON SC.

EGLISE Sᵀ GILLES
(GARD)

A MOREL, Editeur   Imp. Lemercier. Paris.

DÉTAILS DU SOUBASSEMENT DE LA FAÇADE

A   B

SOCLE ET BASE DES COLONNES
CANTONNÉES DES PORTES LATÉRALES

PIÉDESTAL ET BASE DES PETITES COLONNES
ISOLÉES DE LA PORTE PRINCIPALE

Échelle des Détails

1 mètre

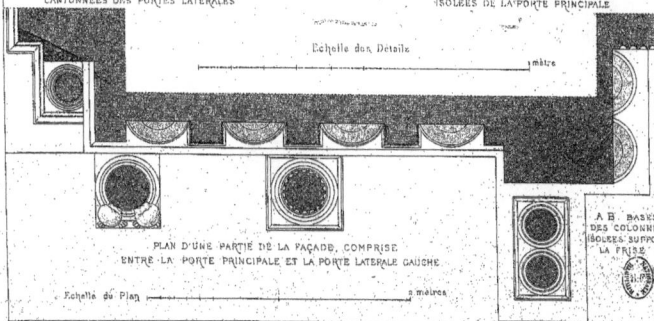

PLAN D'UNE PARTIE DE LA FAÇADE, COMPRISE
ENTRE LA PORTE PRINCIPALE ET LA PORTE LATÉRALE GAUCHE

A B BASES
DES COLONNES
ISOLÉES SUPPORT
LA FRISE

Échelle du Plan

2 mètres

H. REVOIL DEL.   CHAPPUIS SC.

ÉGLISE DE St GILLES
(GARD)

A. MOREL, Éditeur.   Imp. Lemercier et Cⁱᵉ Paris.

PORTAIL DE L'ÉGLISE DE ST GILLES

(DÉPARTEMENT DU GARD)

DÉTAILS
DE LA TRAVÉE DE L'ESCALIER
DIT VIS DE Sᵗ GILLES

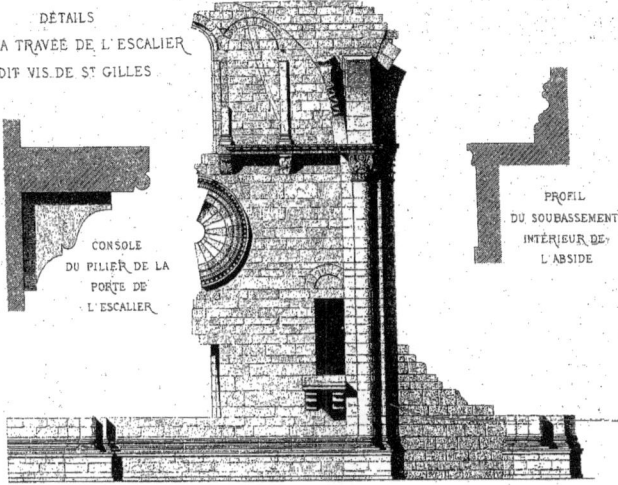

CONSOLE
DU PILIER DE LA
PORTE DE
L'ESCALIER

PROFIL
DU SOUBASSEMENT
INTÉRIEUR DE
L'ABSIDE

ÉLÉVATION DE LA VIS DU CÔTÉ DE L'ABSIDE

DÉTAIL DE L'OCULUS

CHAPITEAU DU PILIER DE LA PORTE D'ESCALIER

PLAN DE LA VIS

DÉTAILS DES CONSOLES DU BANDEAU SUPÉRIEUR

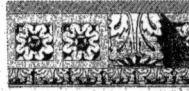

Échelle d'ensemble

Échelle des détails 0,05 p. mètre

H. REVOIL DEL.   CH. BURY SC.

EGLISE Sᵗ GILLES
(GARD)

A. MOREL. Édit   Imp. Lemercier, Paris.

APCHITECTURE ROMANE

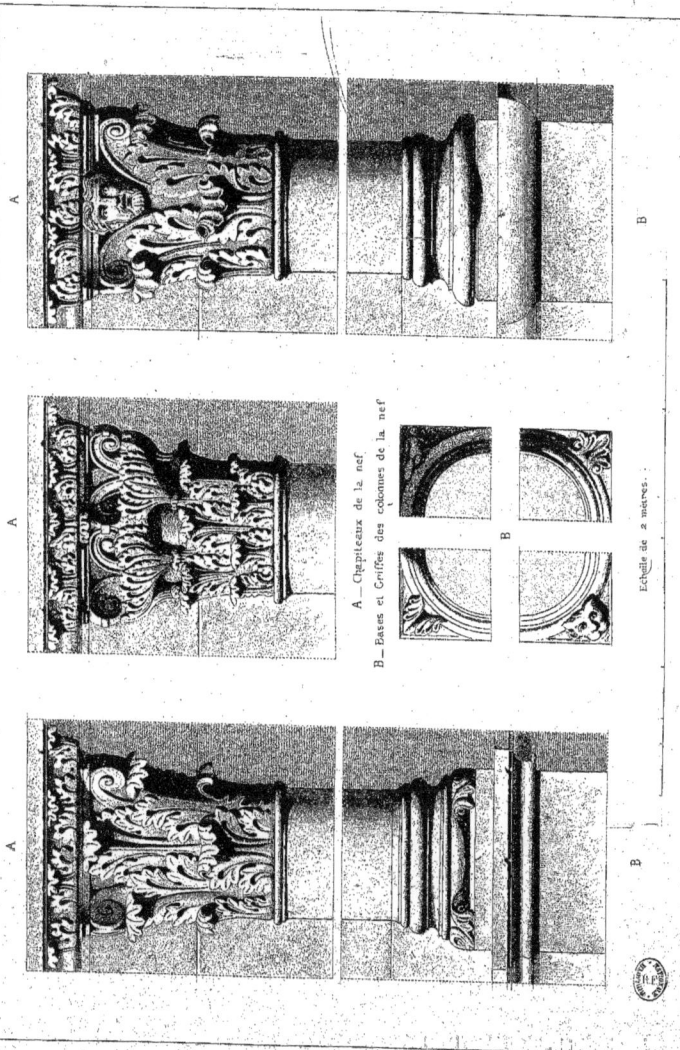

A — Chapiteaux de la nef.

B — Bases et Griffes des colonnes de la nef.

Echelle de 2 mètres.

EGLISE DE Sᵀ GILLES

(GARD)

H. REVOIL DEL.

SELLIER SC.

A. MOREL, Editeur.

Imp. Lemercier et Cⁱᵉ Paris.

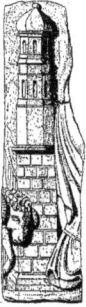

EDICULES ET FIGURES D'ANIMAUX DE LA FAÇADE

H. REVOIL DEL.   FELIX PENEL SC

EGLISE DE Sᵀ GILLES
(GARD)

A. MOREL, Editeur   Imp. Lemercier et Cⁱᵉ Paris

DÉTAIL D'UNE NICHE ET D'UN PIEDROIT ORNÉ DE LA FAÇADE
AU 10e

H. REVOIL DEL.

SELLIER SC.

EGLISE DE ST GILLES
(GARD)

A. MOREL_Editeur.

Imp. Lemercier et Cie Paris.

DETAILS ET PROFILS DIVERS
DE LA PARTIE SUPERIEURE DE LA FAÇADE
AU 10ᵉ DE L'EXECUTION

LEGENDE

A Corniche à Modillons.
B Frise au dessous.
C Autre Frise et Pilastre
  des Niches.
D Soffite.
E Autre Soffite de la
  Corniche A.
F.G.H Archivolte de la
  Porte principale.
I.M.N Archivolte des Portes
  latérales.
L. Imposte des Portes
  latérales.
R. Pilastre renneau de la
  Porte principale.

H. REVOIL. DEL.   J. DE GARKON. SC.

ST GILLES
(GARD)

A. MOREL-Editeur   Imp. Lemercier. Paris.

EGLISE DE St GILLES (GARD)

VUE PERSPECTIVE DU COTE DROIT DE LA PORTE PRINCIPALE.

H. REVOIL DEL.

SELLIER SC.

A. MOREL Editeur.

Imp. Lemercier et Cⁱᵉ Paris.

www.ingramcontent.com/pod-product-compliance
Lightning Source LLC
Chambersburg PA
CBHW071947110426
42744CB00030B/634